AF217087

Alfons Schweiggert

Weihnachten mit
KARL VALENTIN

Alfons Schweiggert

Weihnachten mit KARL VALENTIN

Mit Illustrationen von
Alfons Schweiggert

BAYERLAND

Bibliografische Information der Deutschen Nationalbibliothek

Die Deutsche Nationalbibliothek verzeichnet diese Publikation in
der Deutschen Nationalbibliografie; detaillierte bibliografische
Daten sind im Internet über http://dnb.dnb.de abrufbar.
ISBN 978-3-89251-544-9

Für uns, die Battenberg Gietl Verlag GmbH mit all ihren Imprint-Verlagen, ist Nachhaltigkeit ein wichtiger Teil unserer Unternehmensphilosophie. Daher achten wir bei allen unseren Produkten auf den Einsatz umweltschonender Ressourcen und Materialien.
Dieses Buch wurde auf FSC®-zertifiziertem Papier gedruckt. FSC (Forest Stewardship Council®) ist eine nicht staatliche, gemeinnützige Organisation, die sich für die verantwortungsvolle und ökologische Nutzung der Wälder unserer Erde einsetzt.

Unsere Partnerdruckerei kann zudem für den gesamten Herstellungsprozess nachfolgende Zertifikate vorweisen:
– Zertifizierung für FOGRA PSO
– Zertifizierungssystem FSC®
– Leitlinien zur klimaneutralen Produktion (Carbon Footprint)
– Zertifizierung EcoVadis (die Methodik besteht aus 21 Kriterien in den Bereichen Umwelt, Einhaltung menschlicher Rechte und Ethik)
– Zertifikat zum Energieverbrauch aus 100 % erneuerbaren Quellen
– Teilnahme am Projekt „Grünes Unternehmen" zum Schutz von Naturressourcen und der menschlichen Gesundheit

Titelbild: Karl Valentin und Liesl Karlstadt im Stück »Das Christbaumbrettl«,
Bildquelle: Archiv Valentin-Erben, Planegg. Mit freundlicher Erlaubnis von Anneliese
Kühn/Rosemarie Scheitler, Planegg

3. Auflage 2023
ISBN 978-3-89251-544-9
Alle Rechte vorbehalten!
© 2023 Bayerland Verlag in der
Battenberg Gietl Verlag GmbH, Regenstauf
www.battenberg-gietl.de

Inhalt

Heiße Weihnachten allerseits!

Einige Vorsätze

„Mit dem Weihnachtsfest is des a solchene Sach! Des müassat im Sommer sei, wenn ma d' Fenster aufmacha ko, dass die Nachbarschaft aa was hört, wenn ma ‚O Tannenbaum' singt." Das forderte einmal Karl Valentin und insofern müsste ein Buch mit dem Titel „Weihnachten mit Karl Valentin" eigentlich im Juli oder August herauskommen. Da es aber im Sommer zumeist doch viel zu heiß ist und sich außerdem viele Leute im Urlaub befinden, erscheint das Weihnachtsbuch mit Karl Valentin dann doch besser im Winter.

Ja, liebe Valentinfreunde, der Münchner Komiker Karl Valentin hätte Weihnachten tatsächlich gerne in die Sommermonate verlegt, wie er das am 6. Juli 1934 brieflich auch einem befreundeten Wirt versicherte, der ihn eingeladen hatte, im selben Monat bei ihm Urlaub zu machen. „Geht leider nicht!", schrieb Valentin. „Vom 28. Juli bis 6. August habe ich keine Zeit, da ich in dieser Zeit den Christbaum herrichten muss für Weihnachten." Damit war Valentin noch viel früher dran mit den Weihnachtsvorbereitungen als unsere Geschäfte, die gleich nach Allerheiligen die Nikoläuse und Adventskränze in ihren Auslagen präsentieren.

In dem vorliegenden Buch erfahren Sie, liebe Leserinnen und Leser, was Valentin alljährlich zwischen Weihnachten und Neujahr so anstellte und erlebte, was er von diesem Fest hielt, was er für Geschenkideen hatte. Und wenn Sie glauben, dass das alles immer nur zum Lachen ist, werden Sie eines Besseren belehrt. Denn wer sich auf Valentin einlässt, diesen gspinnerten Uhu und Querdenker, dem bleibt halt manchmal das Lachen im Hals stecken.

Ganz besonders danken möchte ich postum Valentins Enkelin Anneliese Kühn, die mir viele persönlich erlebte Geschichten erzählt hat, die sich zur Advents- und Weihnachtszeit mit ihrem Opa zugetragen haben und die ich in diesem Buch mit ihrer Erlaubnis wiedergeben darf, „damit die Leut auch wissen", wie sie betonte, „wie es bei uns an Weihnachten zugegangen ist". Sie erteilte mir auch die Genehmigung, nicht nur Valentins Äußerungen zu diesem Thema und einige seiner Stücke in diesem Buch zu zitieren, sondern ebenso Teile der Erinnerungen ihrer verstorbenen Mutter, Bertl Böheim-Valentin. Außerdem erlaubte sie mir den Abdruck einiger Fotos und Abbildungen aus ihrem Privatarchiv.

Deshalb widme ich diesen Buch auch Valentins Tochter Bertl Böheim-Valentin sowie seiner Enkelin Anneliese Kühn, aber auch deren Tochter und Valentins Urenkelin Rosemarie Scheitler sowie ihren Angehörigen und ebenso Gunter Fette, dem Nachlassverwalter Valentins.

Viel Vergnügen und gute Nerven bei „Weihnachten mit Karl Valentin" wünscht Ihnen

Alfons Schweiggert
Weihnachten, 2019

„Haben S' koa größere Tass?"

Adventssonntagskaffee mit Karl Valentin

Mit Valentin einen gemütlichen Adventssonntagnachmittag zu verbringen, das war gar nicht so einfach zu bewerkstelligen. Was da passieren konnte, musste einmal Valentins Privatsekretär Adalbert Lobinger erleben, der den Komiker, seine Partnerin Liesl Karlstadt und die Schauspielerin Henny Porten im Dezember 1940 zum Adventskaffee einlud.

Lobinger empfing den Besuch und bat Valentin im Flur, abzulegen. Der weigerte sich. „Naa, meine Sachn nimm i scho ins Zimmer mit nei. Da heraus kunntn s' mir gstohln wern." Im Wohnzimmer zog Valentin dann zuerst recht umständlich seine gestrickten Pulswärmer aus und stülpte sie bedächtig über die Kante des Ofenschirms, der pelzgefütterte Winterstutzer [ein kurzer Wintermantel] musste auch in der Nähe des Ofens untergebracht werden. „Wissen S', damit's mi net friert, wenn i wieder geh!", kommentierte er seine Handlung. Den obligaten Goggs, seinen Hut, hängte er an die Türklinke. Dann tat er so, als wolle er auch noch die Schuhe ausziehen. Doch die Karlstadt verwehrte ihm das: „Geh, so wird's dich doch net friern, Valentin!"

Endlich hatten alle am Kaffeetisch Platz genommen. Da kramte Valentin ein Päckchen Baseler Lebkuchen aus der Tasche und reichte es Herrn Lobinger, der in der Gabe ein Gastgeschenk vermutete. „Da hab i Eahnane Töchter a paar Lebkuacha mitbracht", sagte Valentin, fügte aber rasch hinzu: „Dafür kriagat i zwoa Mark achtzge vo Eahna!" Die Karlstadt und die Porten grinsten, doch Lobinger antwortete schlagfertig: „Is schon recht, Herr Valentin, ich gebe Ihnen das Geld gleich nachher." – „Was jetzt?", meinte Valentin, „Gleich oder nachher? Besser wär's schon gleich."

Als Valentin die Kaffeetasse vor seinem Platz sah, fragte er: „Haben S' koa größere Tass? I mag aa die Tassn net, wo der Henkel auf der rechtn Seitn is." Daraufhin ließ Herr Lobinger dem Komiker eine

Suppentasse bringen. „So! Die is recht", äußerte Valentin zufrieden. Nun griff er nach der Papierserviette und steckte sie in den Hemdkragen. Dann nahm ereinen Lebkuchen und jetzt stellte es sich heraus, weshalb er die große Tasse gewünscht hatte. Er tauchte den Lebkuchen nämlich in den Kaffee, aber nicht der Länge, sondern der Breite nach. Und nur so mundete ihm der aufgeweichte Lebzelten ausgezeichnet.

Valentin spielte mehrere Musikinstrumente, darunter auch die Oboe und das Klavier.

Da sich Valentin in Lobingers Wohnzimmer sichtlich wohlfühlte, setzte er sich einige Zeit später ans Klavier und spielte die ersten Takte seines Couplets vom „Russischen Salat". Dabei warf er seiner Partnerin einen aufmunternden Blick zu, sie möge doch das Couplet vortragen, was die Karlstadt schließlich auch tat. Der Text des Couplets trug fraglos zu einer äußerst ungewöhnlichen adventlichen Stimmung bei.

12

Hiervon nur ein kleiner Ausschnitt:

Drei Pfund Rindfleisch hackt man klein,
tut das in ein Hafen rein,
etwas Pfeffer, etwas Salz,
dazu einen Löffel Schmalz [...]
Auch Leberkäs und Honig,
Sardinen und Spinat,
gefärbte Eierschalen
und Mandelschokolad. [...]
Gsundheitskuchen, Petersiel,
nen zerhackten Besenstiel [...]
auch Briketts und Anthrazit,
Platzpatronen, Dynamit [...]
Glauben Sie sicher, es schmeckt wirklich delikat.
Sehn Sie, so entsteht der russische Salat.

Wenn der Krampus kommt!

Warum Valentin davon verschont blieb

Auch in der Münchner Vorstadt Au kam am 5. Dezember als Begleitung des heiligen Nikolaus stets der furchteinflößende Krampus mit. Während der Nikolaus als freundlicher Gabenbringer auftrat, handelte es sich beim Krampus um eine dämonische Gestalt, die alle jene Lausbuben bestrafen sollte, die im vergangenen Jahr Übles getan hatten. Der Krampus war in ein zottiges Fell gehüllt, trug eine teuflische Maske, oft auch mit Hörnern, oder hatte zumindest sein Gesicht mit Ruß verschmiert. Mit Ketten und auf den Rücken gebundenen Kuhglocken erzeugte er zum Schrecken der Kinder einen Höllenlärm.

Valentin in Teufelsmaske
(Archiv Anneliese Kühn)

Viele fragen sich, ob wohl der Nikolaus und der Krampus auch einmal zum kleinen Karl gekommen sind? In seinen Erinnerungen berichtet der Komiker seltsamerweise nichts davon, obwohl am Nikolaustag der Krampus unter den Kindern in der Au Angst und Schrecken verbreitete. Warum kam er also nicht zu Karl Valentin, der doch von klein auf Jahr für Jahr eine Unmenge Lausbübereien und zum Teil ausgewachsene Schandtaten begangen hatte, zu denen er sich später in seinen Erinnerungen ganz ungeniert bekannte. Der Krampus hätte ihn dafür sicher mit seiner Rute vermöbelt oder sogar in seinen Sack gesteckt und dann in den Auer Mühlbach geworfen.

Folgendes Strafregister hätte der heilige Nikolaus dem Lausbuben vorhalten können:

* Freunde in ausgelegte Glasscherben laufen lassen, um hernach echt Sanitäter an ihnen spielen zu können
* Tätowierung von Schulkameraden mit Nähnadeln und Tusche mit der Gefahr einer Blutvergiftung
* Fischsprengen in der Isar
* Basteln einer Wasserleitungsrohrbombe
* Quälereien von Hunden, Spinnen, Mäusen und anderen Viechern
* das Werfen von Katzen in Jauchegruben
* das Reiten von Schweinen
* Plan, den Schullehrer in die Luft zu sprengen
* Gedanken daran, die Schule anzuzünden
* Ärgern und Erschrecken von kleinen Mädchen
* Steinschleuderwettschießen auf Fenster, Tiere und Straßenpassanten
* Messerwerfen mit Treffgarantie
* „Bockstessen" mit Genickbruchgefahr
* Abschneiden des schönen langen Zopfes der Mutter
* Schuleschwänzen
* kleinere Diebstahldelikte
* Schießübungen mit Vaters Zimmerstutzen auf Spatzen, Hunde und Katzen
* gerade noch verhinderte Brandstiftung eines mit Stroh gefüllten Lagerhauses
* Störung einer Auer Vorstadtfeier durch Verpestung der Luft mittels Ausgießen von Schwefelammonium
* Verteilen von „Patentpralinen", gefüllt mit Essig, Sägespänen und anderem Zeug

»Der Wuhwuh«,
gezeichnet von
Karl Valentin
<small>(Archiv Anneliese Kühn)</small>

* Herstellung von Fallgruben, gefüllt mit Straßendreck und Jauche
* Teilnahme an Raufereien zwischen Auern und Haidhausern

Und dies sind nur einige der zahlreichen Übeltaten, durch die Karl Valentin zum Schrecken der Vorstadt Au wurde und wegen derer er als der „rothaarade Fey-Bazi" – Fey war Valentins Familienname – überall verschrien war. Vielleicht haben seine Eltern, denen das Strafregister ihres Sohnes wohl großenteils bekannt war, deshalb auch niemals den Nikolaus samt dem Krampus ins Haus gelassen, um zu verhindern, dass ihr Bübchen vom Krampus malträtiert wurde. Seit Valentins drei Geschwister in jungen Jahren gestorben waren, hingen seine Eltern, insbesondere die Mutter, so sehr an ihrem noch verbliebenem Kind, dass sie es vor allen Gefahren und Bedrängnissen unbedingt schützen wollten.

Auch Valentin selbst hielt es als Erwachsener pädagogisch für äußerst bedenklich, Kinder zu erschrecken, ob das nun mit dem „Schwarzen Mann", den er „Wuhwuh" nannte, oder mit dem Krampus geschah. Dadurch würden die Kinder neurotisch. „An Furchtneurose", so schrieb er, „leidet heute fast 50% der ganzen Menschheit. Die Ursachen der mannigfachen Nervenleiden sind heute durch die Wissenschaft, besonders durch das Verdienst von Dr. Adler Wien (Individual Psych[o]logie) in falscher Kindererziehung erkannt worden. Würde die Mutter zu ihrem unfolgsamen Kind sagen: ‚Das darfst du nicht tun, ich sage es sonst dem Papa und dann bekommst du heute statt einer Tafel Schokolade nur ein Stück Brot', so wäre dies eine richtige Methode. Das Kind wird sofort darauf reagieren und artig sein, weil eben die Aussicht besteht durch Bravsein eine Belohnung zu bekommen und zweitens weil es vor eine Tatsache gestellt wird, bei der es sich um Wahrheit handelt, denn Schokolade gibt es." Doch dem Kind mit unheilvollen Gestalten zu drohen, hielt Valentin für höchst bedenklich. „Was geht nun in dem kleinen Gehirn des Kindes vor?", so fragte er besorgt. „Es steht in erster Linie vor einer Unwahrheit, vor etwas, was es gar nicht gibt. Und doch ist es für das Kind da, es bekommt Furcht und fängt an zu zittern, kurzum das ganze Nervensystem des Kindes ist ausser Rand und Band und in der Angst erfüllt das Kind nun die Wünsche der Mutter und ist brav geworden." Da nützte es dann auch nichts, wenn das Kind später erfährt, dass es den „Wuhwuh" oder den Krampus gar nicht wirklich gibt. Diese Gestalten lassen sich nicht mehr aus der Seele des Kindes löschen, denn „ein Sprichwort sagt: ‚Der erste Eindruck ist der Beste, in diesem Falle aber müsste es heissen, ‚Der erste Eindruck ist der Schrecklichste', denn dieser erste Eindruck hat der Seele des Kindes eine fast unheilbare Wunde für das ganze Leben verursacht. Für dieses Kind kommt im ganzen Leben immer der ‚Wuhwuh' [oder auch der ‚Krampus'], in Form der verschiedenartigsten Hemmungen u. Komplexe."

Selbst wenn der Krampus Valentin als Kind nicht heimsuchte, so soll im Hause des erwachsenen Valentin ein Nikolausverserl bekannt gewesen sein, das grundsätzlich davor warnte, den Nikolaus ins Haus zu lassen und das ging so:

Es kam einmal der Nikolaus
mit Gaben in ein Armenhaus.
Was brachte er den Kleinen?
Er schenkte ihnen seine Laus,
verließ als Niko dann das Haus.
Die Sache war zum Weinen.

Die Laus traf einen Läuserich,
sie schmusten und vermehrten sich
und kriegten Läusekinder.
Schuld war allein der Nikolaus.
Ein jeder kratzte sich im Haus
hindurch den ganzen Winter.

Drum lasst den heilgen Nikolaus
am besten nicht in euer Haus,
sonst seid auch ihr verlaust.
Ihr seid ganz sicher nicht entzückt,
wenn ihr so eine Laus zerdrückt,
weil es euch furchtbar graust.

Ob dieses Gedichterl allerdings von Karl Valentin stammte, ist nicht überliefert, auch wenn ihm die Idee dazu sicher zuzutrauen gewesen wäre.

18

„Dann brauchst mir auf Weihnachtn nichts kaufen!"

Was sich Valentin als Kind besonders wünschte

„Schon als kleiner Bub hatte ich eine stille Liebe zur Musik", bekannte Valentin in seinen Erinnerungen. So freute er sich riesig, als sein Vater einmal aus dem „Spielwarengeschäft Obletter einen ganzen Haufen Instrumente" heimbrachte: „Bombardon, Trompete, Posaune, Waldhorn, Flöte, Klarinette, Tschinellen, alles aus Pappe, wunderbar goldbronziert, fast wie echte Instrumente. Wir hatten eine Mordsgaudi und zogen in der Au von einem Laden zum anderen und überall wurde ein Ständchen geblasen. Aber leider dauerte die Herrlichkeit nicht lange, denn die zarten Kartonwerkzeuge hielten unseren rohen Umgangsformen nicht stand, sondern gingen nur zu bald aus dem Leim. Darum trachtete ich nach einer echten Messingtrompete", so gestand Valentin, „und mit diesem Wunsch hätte ich meine Mutter bald irrsinnig gemacht.

Auf der Auer Dult hatte ich an einem Verkaufsstand ein Signalhorn entdeckt. Es sollte drei Mark kosten. Ich war davon wie hypnotisiert und lief heim:

‚Muatta, Muatta, gib ma drei Mark, auf da Duid is a Trompetn, a echte, de muaß i kriagn, tua drei Mark hera!'

Aber die Gute war von diesem Wunsch gar nicht begeistert, denn drei Mark waren im Jahr 1890 recht viel Geld; auch dachte sie gleich an den Spektakel, den der Bua mit einer richtigen Trompete machen würde. Ich war schwer enttäuscht, aber weit davon entfernt den Kampf aufzugeben. Sporn streichs lief ich wieder hinüber zur Dult, frug die Frau, ob ich die Trompete nicht probieren darf: ‚Denn die Mutter hat gsagt, wenn i oan Ton rausbring, dann kaufts ma die Trompetn.' Da bekam ich das Ziel meiner Wünsche in die Hand, aber es blieb stumm, so sehr ich mich auch anstrengte. Es war eben doch keine Papiertrompete, in die man hineinsingen musste. Schweren Herzens gab ich das herrliche Ding wieder zurück und lief wieder heim:

Später trat Valentin mehrfach als Trompete spielender Soldat auf.

‚Muatta, Muatta, jetzt hat mi die Frau die Trompetn probieren lassen; i hab glei a Lied drauf blasn; a fein gehts, gib mir halt drei Mark, bittschön, gib mir drei Mark; na brauchst mir auf Weihnachten nichts kaffa.'

‚Nee', sagte die Mutter [sie stammte aus Zittau in Sachsen!], ‚nur geene Drombede, das däde en scheen Verdruss in dr gansn Nachbarschafd gähm mit dem Geblase.'

‚Na, Muatta, i blas ja ganz leis.'

‚Nee, nischd isses, de grichsd geene und wenn de dich uffn Gobb schdellsd!'

Wieder lief ich hinüber zur Dult: ‚Sie Frau, datn ses um zwoa Mark a hergebn?' ‚Nein, drei Mark kosts, wir haben feste Preise.' Alles Betteln half nichts; sie ging nicht herunter. Ich wieder heim. Nein! Wieder auf die Dult. So ging es hin und her. Als gar nichts mehr half, probierte ichs mit dem Heulen. Schluchzend schrie ich:

‚I woaß scho, Muatta, mögn tuast mi nimmer, sonst dast ma scho die Trompetn kaffa, da Vatta tat mas sofort kaffa, wenn er da war, weil der mi vui liaber mag, als wie du.'

Es half. Auch meine Mutter konnte ihr Kind nicht weinen sehen. Ich bekam meine Trompete. Aber nur einen Tag. Dann war sie verschwunden. Auf Nimmerwiedersehen! Wohin weiß ich heute noch nicht. Ich hatte nämlich diesen einen Tag nicht nur unsere Hausgenossen, sondern auch die gesamte Nachbarschaft, einschließlich aller Hunde und Katzen durch mein Üben vollkommen zur Verzweiflung gebracht."

Aber damit war Valentins Liebe zu Instrumenten geweckt. „Später", so betonte er, „die Zither war längst mein Lieblingsinstrument geworden, habe ich noch viele andere Instrumente gespielt: Geige, Fagott, Flöte, Klarinette, Waldhorn, die verschiedensten Trompeten, Posaune und Bombardon."

Liebes Grüstkindlein!

Weihnachtliche Briefe

Immer wieder überraschten sich Valentin und Liesl Karlstadt an Weihnachten mit kleinen Gaben, denen sie kurze Gedichte beilegten. So sandte die Karlstadt zu Weihnachten 1918 – es war kurz nach Ende des Ersten Weltkriegs – ihrem Karl Valentin zusammen mit einem Gedicht ein Buchgeschenk, das Ansichten von Altmünchner Bauten enthielt, wusste sie doch, dass in Valentins Augen das Bild eines Altmünchner Gebäudes mehr wert war als ein Brillant, wie er das einmal selbst so formulierte. In dem Briefgedicht reimte die Liesl deshalb auch:

> Denn der Vale wird gleich milder,
> sieht er so Altmünchner Bilder:
> „Schäfflerturm" und „Isartor"
> und wie München war zuvor.
> „Kräutlmarkt" und „Grüner Baum"
> ist des Vale's Weihnachtstraum,
> Lieber Vale, sei zufrieden
> mit dem Buch, das Dir beschieden,
> und bleib auch im Neuen Jahr
> mir so treu, wie ich stets war
> und denk gern an jedem Ort
> an das alte Münchner Wort:
> lieber treu zusammen sterben
> als in Untreue verderben.

***

Zum Weihnachtsfest 1919 – in Deutschland herrschte damals große Not – ließ Valentin seiner Liesl, mit der er damals längst ein privates Verhältnis hatte, folgende Geschenke zukommen:
* eine Messingtrommel,
* ein Päckchen Pillen gegen Halsschmerzen,

* ein Elektrogerät, mit dem sich angeblich die Nerven beruhigen ließen,
* ein repariertes Blechgeschirr,
* eine Eichenholzschatulle mit Puder, Vaseline und anderen Utensilien,
* ein Kuvert mit unbekanntem Inhalt und
* ein Porträtfoto von sich oder einer anderen Person, die die Karlstadt schätzte.

Von all diesen Gaben ist in dem Gedicht die Rede, das Karl Valentin seiner Partnerin schrieb. Als achtes Geschenk lag ein Fläschchen Sekt dabei, zu dem Valentin völlig unzweideutig reimte:

> Dies hier eine Flasche Sekt,
> die Dir hoffentlich auch schmeckt.
> Und an einem Tag zu „Zweit"
> leern wir sie voll Geiligkeit.

***

Valentins kongeniale Bühnen-(und Lebens-) Partnerin Liesl Karlstadt

Vom 12. Dezember 1932 ist ein kurzer Brief überliefert, in dem der leidenschaftliche Briefmarkensammler Valentin dem „Grüstkindlein" Liesl Karlstadt unverblümt seinen recht unbescheidenen Weihnachtswunsch unterbreitete.

„Liebes Grüstkindlein!

Bringe mir heute auf Weihnachten Bayerische Stempel Briefmarken für meine Sammlung, die wo man bei Herrn Rösch zu kaufen kriegt – nicht teuer, höchstens zusammen 100 Mark. Auch amerikanische Stempelmarken hat der Mo, aber er will nichts aus der Schachtel heraussuchen, weil er so müd ist, aber haben tut er's schon.
Ich frei mich schon drauf
Karl Valentin
P.S. … dann wünsch ich mir kein Gwand."

***

Natürlich sandte Valentin auch anderen Personen zum Teil recht komische Weihnachtsbriefe, so 1928 beispielsweise an seinen Kabarettkollegen Steininger nach Berlin, den er folgendermaßen anraunzte:

„Wenn ich nicht bestimmt wüsste, dass mich Ihr an mich gerichteter Brief – vielmehr gerichtetes Telegramm – sehr gefreut hätte, würde ich mich darüber vielleicht geärgert haben, denn es hat, ohne Sie wenigstens zu beleidigen, vor und auch nach Ihnen schon Weihnachten gegeben; ein unblöder Mensch, für den Sie sich halten, wird, wenn er wirklich einem andern Fröhliche Weihnachten wünscht, unbedingt die Jahreszahl … hinter ‚Fröhliche Weihnachten' schreiben, da sonst der, der das Telegramm empfangt, sich es nicht enträtseln kann, welches Weihnachten der Entsender meint. Es wäre wohl absolut nicht mit großen Kosten verbunden gewesen, wenn Sie die vier Buchstaben 1928 beigefügt hätten, schon deshalb, weil uns dadurch stundenlanges Studieren erspart geblieben wäre. Dass Sie mit Ihrem schriftlichen Zuruf Weihnachten 1927 gemeint haben, dafür halte ich Sie zu fortschrittlich. Dass Sie 1930 gemeint haben, dafür halte ich Sie wieder zu rückständig. Den goldenen Mittelweg sind Sie ja noch nie gegangen, das hat sich ja gezeigt, als Sie kürzlich vor ungefähr …, schweigen wir lieber davon, darieber …

Sonst gibt es nichts neues. – Die Frau Wiesböck, die 6 Jahre in unserem Haus wohnte, ist ausgezogen, in die Ickstattstraße 19/3; weil von da aus ihr Mann nicht so weit in die Fabrik hat.

Es grüßt Sie mit aller Herrlichkeit
Karl Valentin"

***

Und am 12. Dezember 1938 schrieb Valentin aus Berlin, wo er sich zu einem Gastspiel aufhielt, an einen Bekannten in München:

„Mein lieber Freund! Sei so gut und schicke mir aus München 1 Pfd. frischgefallenen Schnee, die Berliner glauben mir nicht, dass es in München schon schneit. Schreibe aber auf das Postpaket nauf ‚Vor Wärme schützen!‘ "

***

Im November 1946 erhielt die Weinhandlung Klinger von Valentin folgendes Schreiben:

„Das Weihnachtsfest naht – und der Schneider naht [näht] auch‘! Ich habe an Firma Kustermann (Eisenhandlung) um ein paar Flaschen Wein geschrieben und die Firma hat mir geantwortet, dass ich denselben nur in einer Weinhandlung bekäme. Da Ihr eine solche Firma seid, und einen Wein gehabt habet, frage ich an, ob Ihr noch einen habet. Solltet Ihr noch einen haben, habet Ihr meinen Wunsch erfüllt. Die Hauptsache ist, dass die Flasche nur eine Mark kostet und erste Qualität ist. Wir verwenden den Wein nur zum Trinken, denn zum Boden reinigen nehmen wir stets Wasser.

Solltet Ihr keinen Wein schicken können, verzichte ich auf eine weitere Lieferung und habe dabei den Vorteil, dass ich Euch die leeren Flaschen nicht zurück schicken brauche.

Ich hoffe, keinen Fehltritt gemacht zu haben und zeichne mit Hochachtung,
Karl Valentin"

Einen weiteren Bettelbrief, diesmal um Zigaretten, sandte Valentin im gleichen Jahr – am 8. Dezember 1946 – an den Zigarettenfabrikanten Sommer. Valentin, der trotz seines Asthmas Kettenraucher war – „Ich kann mei Asthmapulver net nehma, wenn i vorher net a Zigarettn graucht hab!" – drohte Sommer darin scherzhaft mit einem Einbruch in dessen Zigarettenfabrik, wenn dieser ihm nicht freiwillig Zigaretten spendieren würde.

„Sehr geehrter Herr Direktor Sommer!
[…] Man weiß heute nicht was man seinen Lieben zu Weihnachten schenken soll. Nun habe ich eine glückliche Idee und zwar in einer Zigarettenfabrik einen Einbruch zu veranstalten. Nachdem ich keine Werkzeuge, Nachschlüssel ectr. und keinen Scheissaparat [Schweiß- apparat] u. dgl. besitze, bitte ich Sie, lieber Herr Direktor, mir sämt- liche Schlüssel – hauptsächlich den Lagerschlüssel für eine Nacht zur Verfügung stellen zu wollen, damit ich mich leichter tue, bei nächt- licher Stunde in Ihr Lager einzudringen. Den eventuellen Hofhund, den Sie besitzen, bitte ich in dieser Nacht an der Kette zu lassen und den Nachtportier ersuche ich, für diese Nacht zu beurlauben.
Ich habe im Sinne, nur 200 Zigaretten zu rauben, um Ihren Lagerbe- stand nicht zu sehr zu schwächen. Sollte der Einbruch in dieser Nacht doch ans Tageslicht kommen, erbitte ich mir Ihre vollständige Diskretion. Falls der Einbruch nicht gelänge, werde ich statt einen Einbruch einen Ehebruch ausführen und zwar an Ihrer Frau Gemahlin. Den Einbruch, wie den Ehebruch könnten natürlich nur Sie allein verhindern, wenn Sie sich freiwillig zu dieser hier in Frage kommen- den Weihnachtslieferung bekennen würden.
Die Lieferung könnte sofort erfolgen und bitte ich, dieselbe nicht bis Ostern 1947 zu verschieben, da ich auf Ostern den Einbruch in einer Ostereierfabrik vorhabe und ein Weihnachtswunsch hier nicht mehr in Frage kommt.
Mit freundlichen Grüßen! Und Einige Grüße an irgend Jemand"

***

Mit seinen komischen weihnachtlichen Bettelbriefen – etwa um Sonderbriefmarken, Wein oder Zigaretten – scheint Valentin übrigens durchaus erfolgreich gewesen zu sein.

„Bescherung 1945"

Sigis Sommers Weihnachtsgeschichte, die Valentin zu Tränen rührte

Einen ganz besonderen Brief von Valentin erhielt das bekannte Münchner Original Sigi Sommer, von Beruf Journalist, am 25. Dezember 1947. Kennengelernt hatte Sommer den Komiker schon als Kind oder wie er sagte: „als winziger Rotzglöckner" durch seinen Vater. Wenn der kleine Sigi Valentin artig die Hand gab, wozu ihn sein Vater aufforderte, erhielt er von dem großen, spindeldürren Mann mitunter eine Kleinigkeit geschenkt, „ein Trambahnbillettl vielleicht oder einen alten Knopf, von denen Valentin stets eine Handvoll in der Hosentasche trug, weil er doch alles, was er auf der Straße fand, ob Sicherheitsnadel, Reißnagel oder ein Hufeisen, aufhob und mit heim nahm. Dazu sagte er meist so seltsame Sachen wie: ‚Ein kleines Kind ist halt gar nicht groß. Man muss den Buben auf ein Wachstuch legen, damit er endlich wachsen tut.'"

Als Münchner Lokalreporter schrieb Sigi Sommer zum Weihnachtsfest 1947 eine kleine Geschichte, die in der Süddeutschen Zeitung abgedruckt wurde. Auch Karl Valentin las das Gschichterl mit dem Titel:

Bescherung 1945

„Papa, da Franzl schaugt scho wieda durchs Schlüsselloch", greint das siebenjährige Hannerl, aber nur um selbst einen Blick in das Zimmer zu erhaschen, wo schon seit einer halben Stunde das Christkindl rumort. Der Vater ist gerade dabei, das frisch abgezogene Fell eines Stallhasen auf einen Kistendeckel zu nageln. Da ertönt das Bimmeln einer Fahrradglocke, und die Tür geht auf.

„Aaaa", sagen die Kinder, und ihre Augen glänzen noch mehr als der dürftig geschmückte Christbaum, auf dessen Spitze eine winzige Ker-

zenflamme mit der Zugluft kämpft. Die Zweige sind mit Silberfäden be-
hangen, welche die Mutter aus dem Stanniolpapier der Käsezuteilungen
geschnitten hat, und auf dem untersten Ast baumelt, noch aus Groß-
mutters Zeiten herübergerettet, ein Pappschiffchen mit Watterauch.
Strahlend nimmt der Franzl das vom Vater gezimmerte „Radlrutsch" in
Empfang, und das Hannerl drückt die frisch angestrichene Puppe, die
das Christkind vor sechs Wochen plötzlich geholt hat und nun neu ein-
gekleidet wieder brachte, an ihre schmale Kinderbrust. „Und des is für
di, Vadda", sagt die Mutter und schiebt ihrem Mann drei Paar Einlege-
sohlen und ein Paar selbstgestrickte Pulswärmer zu. „Geh zua, Walli,
des hätt's aber doch net braucht", bedankt sich verlegen das Familien-
oberhaupt. Er dreht am alten Trichtergrammophon und legt die Weih-
nachtsplatte „Stille Nacht, heilige Nacht" auf. Leise singt das Hannerl
mit. Der Franzl hat einen Fuß auf dem Radlrutsch und hält sich mäus-
chenstill. Durch die angelehnte Küchentür dringt der Duft von „Hasen-
jung" herüber.

So lautete die kurze Weihnachtsgeschichte von Sigi Sommer. Er wun-
derte sich, als er am 25. Dezember von Karl Valentin höchstpersön-
lich einen Brief „auf holzreichem Reichskriegspapier" bekam „mit einem kleinen blauen Stempel links oben an der Ecke". Das Schreiben
hatte folgenden Wortlaut:

„Sehr geehrter Herr Redakteur!
Ihr Artikel in der SZ ‚Die Bescherung' zeigte in so wenigen Zeilen unser armes Deutschland. Ich habe darüber mit 66 Jahren geweint wie
ein kleines Kind. Nur ein Schriftsteller mit einem guten Herzen kann
so etwas schreiben.
Alles Gute zum neuen Jahr
Ihr Karl Valentin"

Sigi Sommer war auf diesen Brief sehr stolz und er bewahrte ihn sein
Leben lang wie einen Schatz auf.

Später besuchte er Valentin auch in seinem Häuschen in Planegg. Dabei bemerkte er, dass dieser Mann, den alle für einen lustigen Burschen hielten, in Wahrheit „von einer großen Melancholie erfüllt war. Mit ihr ging leider Hand in Hand auch eine unglaubliche Naivität und Einfalt." Da Valentin seit 1940 keine Auftritte mehr hatte und deshalb auch kein Geld mehr verdiente, betätigte er sich in seiner kleinen Werkstatt als Schreiner und fertigte unter anderem Kochlöffel, Nudelwalker – so nannte man in Bayern Nudelhölzer – und andere Gebrauchsgegenstände. Damit ging er dann hausieren, um dafür etwas Essbares einzutauschen. Doch meistens hielten die Leute seine diesbezüglichen Angebote nur für dumme Valentin-Witze „und haben in die Wohnküche hinausgerufen: ,Oide schaug, wos uns der Herr Valentin schenkt.' Und dann haben beide herzhaft gelacht und dem missverstandenen Täuschler etwas in die Hand gedrückt. Das waren aber leider nur ihre eigenen fünf Finger." Und Valentin konnte dann an der nächsten Türe anklopfen und versuchen, seine Sachen loszuwerden.

Sigi Sommer war es auch, der für Valentin dessen letzte Worte erfand und die lauteten: „Wenn i gwusst hätt, dass's Sterbn so schee ist, dann waar ich schon früher g'storbn." Ein Valentin durchaus angemessener Spruch, doch in Wahrheit waren Valentins letzte Worte: „Ist die Werkstatt abgeschlossen?" Seine letzten Gedanken galten also seiner geliebten Werkstatt in Planegg, in die er sich während der Zeit des Zweiten Weltkriegs Tag für Tag buchstäblich vergraben hatte.

*Valentin als Flöte
spielender Clown*

Ein Christbaum ist doch wurscht!

Oder: Wie man einen Weihnachtsengel brät

Im Jahre 1943, es war Krieg und die Not fraß sich immer tiefer auch in die deutschen Städte, notierte Valentin unter dem Titel: „O du fröhliche, o du selige, gnadenbringende Weihnachtszeit" Hinweise zum Christbaumklauen.

„EN BIBITATIS STROMINUS ALL SABBABIS. Geh in den Wald und pflücke dir einen Christbaum, schleppe ihn heim in dein Heim, aber laufe schnell, damit er nicht welk wird bis du heimkommst und du hast damit die Grundlage für das Weihnachtsfest geschaffen. Dann besorge dir ein viereckiges bretterähnliches Holz, bohre in dasselbe ein rundes hohles Loch und stecke den ‚O Tannenbaum, o Tannenbaum' ins Loch hinein, aber nicht mit dem Gipfel nach unten, das wäre Forstfrevel, sondern mit der Spitze nach oben, also gegen den Himmel gerichtet – im Zimmer natürlich gegen den Plafond.

Dort oben auf schwankenden Wipfel befestige mit silbernen Fäden den Weihnachtsengel aus Wachs – aber ich warne dich, du tust gut statt einen Engel aus Wachs einen Engel aus Messingblech mit gusseisernen Flügeln auf die Krone des Weihnachtsbaumes zu hängen, denn wenn der Weihnachtsbaum am Christabend im Lichterglanz erstrahlt und die oberen Kerzen zu nahe an dem Engel brennen, wird es dem Wachsengel zu heiß, er schwitzt sich zu Tode, das heiße Wachs tröpfelt tropfenweise von Ast zu Ästchen, und wenn die Schallplatte am heiligen Abend die ‚Stille und heilige Nacht' leise aus dem Grammophon schmettert, wird der Weihnachtsengel auf schwindelnder Höhe deines Christbaumes öffentlich vor deinen Familienmitgliedern gebraten. Das wäre doch ein Akt der Pietätlosigkeit.

Also deshalb lieber einen Engel aus Metall, weil aber ein Metallengel noch immer wegen dem Vierjahresplan nicht zu erwerben ist, lass die Kerzen bei dem Wachsengel ruhig auf dem Baumgipfel aufhängen, wenn du deinen Christbaum elektrisch beleuchtest, aber das kannst du heute auch nicht machen, weil doch wahrscheinlich am heiligen Abend Stromsperre ist! Und dass die Kerzen heuer gar teuer sind, weißt du ja auch.

Diesen Winter gibt es überhaupt nichts, also auch keine Kerzen und das ist ja ein Glück, denn wie viele Zimmerbrände entstehen gerade am heiligen Abend durch das Umfallen von Christbäumen. Die Feuerwehr hat dann alle Hände voll zu tun, also Vorsicht! und lieber gar keine Beleuchtung des Christbaumes – wenn das Zimmer hell ist, sieht man den Christbaum ja auch so.

Den Kindern ist es doch nicht wegen dem Christbaum allein, sondern die Hauptsache sind und bleiben doch immer die Weihnachtsgaben. Wenn sich der kleine Herrmann schon im Sommer auf die Ski freut, die er am Weihnachtsabend bekommt, ist doch das dem kleinen Herrmann so wurscht wie nur was, ob auf dem Baum Lichter brennen oder nicht, wenn er nur seine Ski hat. Vor lauter Freude nimmt er's mit ins Bett, solche Freude hätte er nie an dem Christbaum, dass er denselben gleich ins Bett mitnehmen möchte, mit den brennenden Kerzen schon gleich gar nicht."

Soweit Valentins Christbaum-Empfehlungen in dem Jahr, als Deutschland gegen die USA, Großbritannien und die Sowjetunion kämpfte und in der Folge die deutsche Herrschaft in Europa zu bröckeln begann. Im Frühjahr 1943 hatte die Wehrmacht in Stalingrad aufgrund hoher Verluste kapituliert und die deutsche Bevölkerung begann immer mehr am Sinn und Erfolg dieses mörderischen Krieges zu zweifeln.

's Anasteln

Eine Gebrauchsanleitung für Christbaumverschönerer

Trotz Valentins Christbaum-Skepsis gab es in seiner Familie natürlich doch einen Tannenbaum zu Weihnachten. Wenn das Bäumchen, das Valentin „organisiert" hatte, nicht besonders schön war, dann übte er einfach den „Brauch des Anastelns". Wissen Sie, was das ist? Nicht? Ich hab es auch nicht gewusst, aber Valentins Enkelin, die Anneliese Kühn, hat mir das erzählt, wie das vor sich ging. Die Gebrauchsanweisung zum Anasteln lautete folgendermaßen:

Besorge dir auf übliche oder unübliche Weise ein Christbäumchen und bringe es nach Hause.

Schau dir jetzt den Christbaum genau an und merke dir die Stellen, wo er kahl ist, wo also das eine oder andere Ästchen fehlt, kurzum wo das Bäumchen schon Haarausfall hat.

Besorge dir jetzt feine Tannenzweiglein und -ästchen und lege sie auf einen Haufen bereit.

Hole dann einen feinen Bohrer und bohre nun kleine Löchlein an alle jene Stellen, wo eigentlich Tannenästchen und Zweiglein hingehören, wo die Natur den Baum aber damit nur recht stiefmütterlich versorgt hat.

Nimm nun von dem Zweigleinhaufen ein Tannenästchen nach dem anderen und schiebe jeweils eines in die gebohrten Löchlein, nachdem du vorher die Stelle, wo so ein Zweiglein in das Löchlein geschoben werden soll, mit Holz-Leim bestrichen hast.

Wenn du alle Löchlein bezweigelt hast, störe den Leim nicht beim Trocknen.

Wenn die Zweiglein nach geraumer Zeit alle fest sitzen, kannst du den Baum mit Christbaumschmuck verzieren.

Kommt die Familie am Heiligen Abend in das Zimmer, rufen alle: „Mei, is dees wieder a schöner Christbaum. Wo den das Christkindl nur immer herbringt!"

Valentin mit Christbaum im Stück »Das Christbaumbrettl«
(Archiv Anneliese Kühn)

Schau stolz und zufrieden in die Runde deiner Lieben und sage dir im Stillen. „Bin ich froh, dass das Anasteln auch dieses Jahr wieder so gut geklappt hat!"

Besonders lustig war es, so Anneliese Kühn, wenn sich am Heiligen Abend plötzlich doch ein mühsam angeasteltes Zweiglein aus seinem Löchlein verabschiedete und zu Boden fiel, was Valentin mit der Bemerkung kommentierte: „Ja so was! 's wird der Baum doch net schon nadeln!"

Das Christbaumbrettl

Bericht Anna Trautners vom Besuch einer Aufführung
im Juli 1922

Meine Mutter Anna Schweiggert, geb. Trautner, schätzte wie mein
Großvater Johann Trautner den großen Komiker Karl Valentin ganz
besonders. Vom Besuch seines berühmten Stückes „Christbaumbrettl" – es war vermutlich die Uraufführung am 1. Juli 1922 im
Münchner Germania-Brettl in der Schwanthalerstraße 28 – erstellte
sie das folgende Erinnerungsprotokoll, aus dem die Faszination deutlich wird, die dieses Stück auf sie, ihren Vater und all die anderen Besucher damals ausübte:

1922 war ich sechzehn Jahre alt. Mein Vater, von Beruf Hauptschul-
lehrer, der Karl Valentin sehr verehrte, lud mich eines Tages zum Besuch von Valentins neuestem Stück „Das Christbaumbrettl" in das
Münchner Germania-Brettl ein. Ich hatte schon viel von Valentin gehört, der mit seiner Partnerin Liesl Karlstadt immer so verrückte Sachen auf der Bühne anstellte. Deshalb war ich sehr gespannt, was
diesmal passieren würde.
Wie mir mein Vater erzählt hatte, lebte der Komiker in vielen seiner
Stücke das Groteske immer wieder bis hin zur totalen Zerstörung
aus. Jede Szene ist dabei von dem grotesken Witz durchpulst, der Valentin und Liesl Karlstadt so unsterblich gemacht hat. Die Dinge lassen sich bei ihm niemals so recht gebrauchen und die Sprache wächst
sich zu immer größer werdenden Missverständnissen aus. Mensch
und Welt passen bei ihm einfach niemals zusammen. Valentins beste
Szenen denken sich bis an einen Punkt heran, wo der Schwachsinn
seine eigene Logik hat, wo er nicht mehr widerlegbar scheint. Dies
ist ihm auch in seinem Kleinbürgerdrama ‚Das Christbaumbrettl' von
1922 gelungen, in dem er die Grenze zum Absurden überschritten
hat.

Im „Christbaumbrettl" spielt Valentin den Vater und die Liesl Karlstadt die Mutter. Des Weiteren treten ihre fünf Kinder auf – zwei Buben, zwei Mädchen und ein Kleinkind (eine Puppe) –, außerdem ein über zwei Meter großer Kaminkehrer, damals gespielt von einem gewissen Pfafferl. Eines der Kinder spielte der kleinwüchsige stämmige Jackl Fischberger.

Bevor der Vorhang aufging, ertönte das Lied „O du fröhliche, o du selige, gnadenbringende Weihnachtszeit". Es klang so verkratzt, als käme es von einem Grammophon. Als sich dann der Vorhang öffnete, bestätigte sich dieser Eindruck.

Es bot sich uns der Anblick einer dürftig eingerichteten Stube, in der es recht unordentlich aussah. Ein paar kitschige Öldrucke, eine Posaune und eine alte Küchenuhr zierten die schmuddelige Wand. Neben der von der Decke baumelnden altmodischen Petroleumhängelampe hing ein klebriger Fliegenfänger, schwarz von darauf klebenden Fliegen. Darunter stand eine ramponierte Kommode, auf der allerlei Geschirr herumlag, das teilweise zerbrochen war, daneben ein altes Telefon, ein Strickzeug mit dicker Wolle und ein Tintenlöscher. Außerdem waren da das besagte Grammophon und seitlich ein gusseiserner Ofen zu sehen und daneben ein Kinderdreirad, das mit einem alten Sack zugedeckt war. Auf dem grünen Stuhl neben einem braunschwarzen Kleiderschrank ganz rechts auf der Bühne war ein Ding zu sehen, das sich später als Schaumtorte entpuppen sollte. Die ganze Einrichtung flehte buchstäblich danach, in Ordnung gebracht zu werden – zumal vor dem nahenden Heiligen Abend. Als weitere Irritation und Bühnen-Mittelpunkt gab ein großes Fenster den Blick auf eine schöne Frühlingslandschaft frei, was ich seltsam fand, denn das Stück hieß ja ‚Das Christbaumbrettl' und eigentlich hätte man deshalb eine Winter- oder zumindest eine spätherbstliche Landschaft sehen müssen.

An dem Tisch in der Mitte der Bühne hockte eine armselig gekleidete Frau, es war Liesl Karlstadt. Sie spielte die Rolle der Mutter. Sie war in sich zusammengesunken, barg ihr Gesicht in beiden Händen und schluchzte leise. Doch bald wurde das Schluchzen immer lauter und steigerte sich zu einem haltlosen Weinen. Zwischen dem Schluchzen jammerte sie über ihren Sohn Alfred, der in ein fremdes Land ausgewandert sei und wohl niemals mehr zu ihr heimkommen würde. Gerade jetzt an Weihnachten träfe sie das unendlich schwer und am liebsten würde sie gar nicht mehr leben wollen.

Jetzt steht die Liesl Karlstadt auf, nimmt von der Wand ein Bild mit einem Porträt ihres Alfreds, nach dem sie solche Sehnsucht hat und schaut verzweifelt darauf. Sie macht ihrem Sohn heftige Vorwürfe, weil er ausgewandert ist. Wie konnte er ihr so etwas nur antun? Ach wäre er doch in Oberammergau geblieben, wo er eigentlich Fremdenführer werden wollte. Aber als er dort ankam, waren die Passionsspiele schon vorbei. So etwas Blödes konnte nur ihrem Alfred einfallen.

Plötzlich spuckt die Karlstadt einige Male auf das Bild und es sieht so aus, als würde sie dies aus Wut über ihren Sohn machen. Doch gleich darauf wischt sie das Bild mit dem Taschentuch wieder ab. Endlich kann sie Alfred wieder besser sehen, denn sein Konterfei war stark verstaubt. Darüber freut sie sich so sehr, dass sie das Bild mehrmals in die Höhe wirft. Danach zündet sie sich eine Zigarre an.

Jetzt zuckt sie zusammen und fragt erschrocken, wo ihr Mann, „dieser langweilige Uhu", denn so lange bleibt. Sie hat ihn zum Viktualienmarkt geschickt, wo er für die Kinder ein Christbäumchen besorgen soll. Sie glaubt, dass „der alte Depp" nicht mehr heimfindet. Oder ist ihm am Ende gar etwas passiert? Es ist doch schon so spät und bald wird die Sonne aufgehen. „Eins – zwei – drei!", ruft sie und im selben Augenblick geht auch schon die Sonne auf, obwohl eigentlich die Dämmerung hereingebrochen ist. Der Sonnenaufgang bei hereinbrechender Nacht verwirrt uns Zuschauer. Aber Valentins kleinbürgerliche Welt steht eben auf dem Kopf, da scheint auch die Sonne in der Nacht.

Dass ihr Mann noch immer nicht heimgekommen ist, lässt ihr keine Ruhe und sie greift zum Telefon. Mehrmals dreht sie die Wählscheibe. Dann schreit sie in den Hörer: „Sebastian, wo bist du denn? … So, am Viktualienmarkt? … Hast du schon ein Christbäumchen? …

Dann ist's schon recht … komm nur gleich heim! Aber pass auf, wenn du über die Straße gehst, dass dich keine Frau mit ihrem Kinderwagl überfährt."

Plötzlich klopft es an der Tür. Die Karlstadt ruft: „Herein!" Ins Telefon spricht sie noch: „Also Sebastian, komm nur gleich heim, adje!" Abermals klopft es an der Türe und wieder ruft die Karlstadt „Herein!" Sie legt den Hörer auf. Im selben Augenblick kommt Karl Valentin mit dem Christbaum zur Tür herein. Linkisch steht er da, lauernd, ein unmerkliches Grinsen umspielt seine Lippen. Irgendwie eckig steckt er in seinem Mantel, einem Raglan. Mehrere Wattebäusche – sie stellen den Schnee dar – sind auf seinen Schultern und auf dem Hut verteilt. In seinen mit Fäustlingen behandschuhten Händen trägt er einen mickrigen Christbaum, dessen Spitze nach unten hängt. Es sieht aus, als wolle er dieses abgenadelte Ding im nächsten Augenblick entsorgen.

„Ah, da bist du ja!", ruft die Karlstadt erstaunt. „Grad hab ich noch mit dir telefoniert und jetzt bist du schon da."

Valentin nickt: „Ja, i hab gleich eingehängt und bin gleich herglaufen." Dort und hier gleichzeitig sein, ist bei Valentin kein Ding der Unmöglichkeit.

Die Karlstadt starrt abfällig auf den Christbaum, dieses nadellose Gerippe. Es ist ein richtiger Besen und vor allem fehlt das Brettl, sodass das Bäumchen ja gar nicht aufgestellt werden kann.

„Ja, da is ja gar kein Christbaumbrettl dran, hast du's verloren?", raunzt sie Valentin an. „Ich hab doch ausdrücklich gsagt, du sollst an Baum mit Brettl bringen."

„Ja, der hat ja keins", meint Valentin kleinlaut, so als sei das völlig normal.

„Das seh ich auch, dass er keins hat." Schon ist die Karlstadt mit diesem Satz in Valentins Sprachfalle getappt.

„Wie kannst'n das sehn, wenn keins dran ist?", fragt Valentin hinterhältig und starrt zur Bestätigung seiner Frage auf das Bäumchen.

Die Karlstadt ist sprachlos, Valentin nicht.

„Tja, die haben lauter Bäum mit Brettln ghabt, das war der einzige ohne Brettl", schiebt er nun noch nach.

„Und genau den ohne Brettl hast du dir ausgesucht?" Fast platzt der Karlstadt der Kragen.

„Aber so ist er doch viel natürlicher, im Wald wächst er doch auch ohne Brettl." Ein Triumphschlag der Logik!

„So ein Rindvieh", schimpft die Karlstadt. „Den Baum kann man doch nicht brauchen, den kann ich ja nicht hinstellen am Tisch."

Doch Valentin kennt die Lösung des Problems: „Was soll's, dann legn wir den Baum heuer halt mal hin – jetzt ham ma ihn fünfzehn Jahr hingestellt, dann könn man heuer schon mal hinlegen."

Die Karlstadt ist aus dem Konzept gebracht und verheddert sich nun völlig in Valentins Denkkonstruktion: „Da wär's mir schon lieber gwesn, du hättst bloß a Brettl bracht und gar koan Baum."

Aha, denkt Valentin, sie will jetzt nur ein Brettl haben, aber diese Rolle kann doch ich übernehmen: „Ich kann den Baum auch halten", schlägt er deshalb vor.

„Geh, du kannst doch nicht bis zum Heiligdreikönigtag so dastehn und den Baum halten."

„Warum nicht, ich hab eh nichts zu tun, ich bin ja arbeitslos."

„Aber da sind doch noch vierzehn Tag hin bis Dreikönig, du kannst doch nicht Tag und Nacht den Christbaum halten, du musst doch auch manchmal wieder amal nausgehen."

„Ja, dann nehm ich den Baum halt mit."

Die Karlstadt erkennt, dass sie nur mit einem Befreiungsschlag den gedanklichen Spinnweben ihres Mannes noch entkommen kann. Barsch fordert sie ihn deshalb auf, den Baum sofort zurückzubringen und umzutauschen. Doch Valentin weigert sich, einen neuen Baum mit einem Brettl zu holen, weil „die Christbaumfabrik" ja froh ist, dass sie diesen Baum endlich los geworden ist.

„Ja dann", fordert die Karlstadt barsch, „musst du das Haltebrettl halt selber anfertigen." Damit ist Valentin einverstanden, denn dieser Auftrag ist für ihn der Ausgangspunkt, das Chaos sich entwickeln zu lassen. Dazu gibt es nun die vielfältigsten Möglichkeiten: das Zuschneiden und Bohren eines oder mehrerer Bretter, das Verbinden von Brett und Baum, das Aufstellen und Schmücken des Baumes. Und schon verschwindet Valentin, um Werkzeug und Material für die Entstehung des Chaos in die gute Stube zu holen.

„Aber zieh dich zuerst aus", ermahnt ihn die Karlstadt.

„Ganz?", fragt Valentin.

„Depp, deinen Mantel und deinen Hut – aber leg mir an Hut nicht aufs Bett nauf, sonst zerlauft der ganze Schnee."

„Der zerlauft nicht, das ist ja ein Christbaumschnee", beruhigt sie Valentin.

Während er zum Bretterholen verschwindet, ertönt Kindergeschrei. Die Karlstadt fährt herum und beginnt zu suchen. Endlich entdeckt sie das kleinste ihrer Kinder, ein Baby – zum Glück ist es nur eine Puppe! – irgendwo auf dem Tisch unter dem ganzen dort verstreuten Unrat.

„Ja, wer hat denn das Kind da verkehrt herglegt?", fragt sie entgeistert. „Da steigt ihm ja das Blut in den Kopf. Armes Kind!" Sie legt es richtig hin, aber das Baby quäkt weiter. Jetzt wird die Karlstadt grantig: „Ja, sei nur still, Hundsbankert, hör doch auf, der ist gewiss wieder nass."

Wer jetzt glaubt, sie sucht nun nach Windeln, der irrt. Windeln gibt es in diesem Armenhaushalt nicht. Schließlich findet sie in der ganzen Unordnung einen Tintenlöscher und legt damit das Kind trocken, indem sie mehrmals über den Unterleib der Puppe rollt. Das Baby kreischt nunmehr noch lauter. Jetzt heißt es, das Kind zu beruhigen und deshalb nimmt die Karlstadt die Posaune von der Wand und bläst ihrem Baby ein wuchtiges Wiegenlied ins Ohr: „Schlaf, Kindlein, schlaf ...", dröhnt es durch die Wohnstube. Langsam beruhigt sich das Kind. Beim letzten Ton schläft der Fratz endlich ein.

Jetzt kommt Valentin mit Säge, Bohrer und Hammer – rechts und links unter die Arme geklemmt – und mit zwei sperrigen Riesenbrettern, kreuzweise übereinander gelegt, damit sie noch sperriger sind. Aus ihnen könnte er für zwanzig Jahre Christbaumbrettl machen. Damit leitet er nun das katastrophale Durcheinander ein.

Das Gekichere und Gelächter im Publikum klingt irgendwie verzweifelt.

Mit den Brettern eckt Valentin überall an, der Tisch fällt fast auseinander, der Fliegenfänger klebt ihm im Gesicht, er bleibt in der Hängelampe hängen, ein verzweifeltes Durcheinander entsteht. Er stolpert, schlägt der Karlstadt fast die Bretter auf den Kopf. Die will ihm helfen, ohne zu ahnen, dass jeder, der Valentin zu helfen wagt, das Chaos nur noch vergrößert. Als erstes drängt sie ihm das Kind auf, weil sie die Posaune an die Wand hängen muss. Valentin aber kann vor lauter Brettern das Kind nicht halten, das auf den Boden zu stürzen droht. Welle um Welle der Zerstörung schwappt nun durch die Stube. Schreie Valentins – „Da geh doch her!" –, der Karlstadt – „So pass doch auf!" – und des Kindes mischen sich mit den knatternden und krachenden Geräuschen der Bretter und der umstürzenden Gegenstände zu einem unglaublichen Katastrophenkonzert. Endlich liegen Bretter und Werkzeug auf dem Tisch und Valentin und die Karlstadt fast auf dem Boden. Zum Atemholen bleibt keine Zeit.

Weil es kalt ist, will die Karlstadt nun den gusseisernen Ofen anschüren. Doch unmittelbar, nachdem sie darin Feuer zu machen versucht hat, fängt der zu rauchen an. Der Abzug scheint blockiert. Valentin und die Karlstadt bekommen einen Hustenkrampf und beschließen, schnellstens den Kaminkehrer um Hilfe zu rufen.

Valentin rennt zu dem ominösen Telefon, betätigt umständlich die Wählscheibe und wählt die „Kaminnummer", wie er sagt. Zunächst ist er „falsch entbunden" und glaubt, König Herodes am Telefon zu haben. Die Karlstadt reißt ihm den Hörer aus der Hand und fleht die Kaminkehrergattin an, ihr Mann möge bitte doch sofort kommen, falls er „gelegentlich zufällig" Zeit hätte – halt irgendwann einmal. „Er soll mit der Leiter den Ofen auskehren", quatscht Valentin dazwischen.

Valentin ist jetzt völlig durcheinander. Beim nun folgenden Zusägen und Durchbohren der Haltebretter für den Christbaum zersägt, zerschlägt und durchbohrt er vor allem auch diversen Hausrat. Schon wieder will ihm seine Frau helfen. Sie soll das Brett halten und tut es auch. Dabei setzt sich Valentin auf sie. „Was machst denn da, blinder Hess?", schimpft sie ihn und flüchtet aus dem Zimmer.

Als sie kurz darauf mit dem Kaffeeservice zurückkommt, drückt Valentin mit der Säge das Brett so ungeschickt in die Höhe, dass er ihr damit das Geschirr aus der Hand schlägt, das krachend zu Boden fällt. Die Karlstadt schreit auf.

„Ich hab doch gesagt, du sollst das Brett halten", schimpft Valentin. Jetzt steigt die Karlstadt auf das Ende des Brettes, das daraufhin zu Boden kracht und Valentin auf die Füße knallt, worauf der jämmerlich zu winseln beginnt. Als er das Brett aufzuheben sucht, fährt er damit der Karlstadt unter den Rock.

„Was machst denn da", schreit sie erbost. „Agratt heut am Heiligen Abend macht er so saudumme Sachen", schimpft sie.

„Ach was", beruhigt sie Valentin, „es ist doch erst Heiliger Nachmittag."

Endlich hat Valentin ein Haltebrett abgeschnitten, aber es ist viel zu klein, deshalb schneidet er ein anderes ab, aber das ist viel zu groß. Nun nimmt er den Bohrer und bohrt ein Loch in das viel zu große Haltebrett. Das Bohren will kein Ende nehmen. Er durchbohrt das Brett und gleich auch noch durch den Tisch, sodass der Bohrer unterm Tisch hinausfährt.

‚Bohrt der Depp in das schönste Stück unserer Wohnung ein Loch", schimpft die Karlstadt.

Doch Valentin freut sich: „Jetzt können wir den Baum gleich in den Tisch reinstecken."

„Das hättest du gleich tun können", krakeelt die Karlstadt, „da hätten wir überhaupt kein Brettl gebraucht."

„Das sag ich ja immer", meint Valentin, „drum hab ich ja gleich einen Christbaum ohne Brettl gekauft."

Nun beginnen die größeren Kinder, die in der Besenkammer eingesperrt sind, vor Ungeduld immer lauter herumzuschreien: „Mama, Mama, wann is soweit? Wann dürfen wir rein?"

„Jetzt schmück doch endlich amal den Baum", drängt die Karlstadt ihren Mann.

Valentin wird immer nervöser und verteilt hastig ein paar halb zerbrochene Christbaumkugeln und Konfetti über die besenartigen Zweige seines Christbäumchens, das windschief im Tischloch steckt und bedenklich wackelt. Schon stürzt der Baum um und Valentin verwickelt sich rettungslos in den Baumschmuck. Er zwickt sich die Kerzenhalter an seine Steckerlfinger und heult auf wie ein Hund. Die Kinder plärren aus der Besenkammer heraus mit. Die Karlstadt rennt hin und her und weiß nicht, was sie zuerst machen soll.

„Seids stad, Kinder, der Vater is narrisch wordn", versucht sie ihre Schraatzn zu beruhigen, die daraufhin noch lauter schreien.

„Seids doch still, ihr Hundsbankerten, ihr misrablingen", brüllt die Karlstadt völlig entnervt.

„Hundsbankerten brauchst net sagn zu dene Saukrüppeln", weist sie Valentin zurecht.

Die Kinder brüllen weiter.

„Seids doch ruhig", plärrt die Karlstadt, „der Teifi soll eich holn!"

„Wenn's der Teufel holt", widerspricht Valentin, „brauch ma uns doch die ganze Arbeit nicht machen."

„Jetzt zünd schon endlich den Baum an", fordert die Karlstadt ihren Mann auf. Als sich Valentin anschickt, das Bäumchen wirklich anzuzünden, und ein Zweiglein schon zu kokeln beginnt, schreit die Karlstadt: „Halt, du Depp, die Kerzen sollst anzünden und nicht den Baum!" Valentin löscht den fast brennenden Zweig und stößt dabei den Baum abermals um, richtet ihn sofort wieder auf, zündelt weiter und verbrennt sich die Finger.

„Ich bring jetzt die Kinder", verkündet die Karlstadt, der jetzt alles wurscht ist.

„Die hast du doch schon einmal gebracht", sagt Valentin. Darauf die Mutter: „Ich mein doch, dass ich sie jetzt endlich hereinbringe!"

Valentin zündet nun endlich drei windige Kerzen an, die traurig an den Zweigen hängen, läutet dann mit der Handglocke und stellt das Grammophon an. Marschmusik ertönt.

Die Karlstadt kommt mit den vier Kindern – zwei Mädchen und zwei Buben – in die „schöne" Stube und endlich kann die Feier beginnen. Alle stellen sich wie Orgelpfeifen der Größe nach geordnet feierlich um den Christ-Besen: ‚Ah, ah, der is schön!"
Schauerlich ertönt nun weihnachtlicher Familiengesang: „Ein Prosit, ein Prosit der Gemütlichkeit! Oans – zwoa – drei – gsuffa!"
Eines der Kinder sagt ein schönes Gedicht auf, um dem Vater eine Freud zu machen:

> Sankt Niklas durch die Wälder schritt,
> Manch Tannenbäumchen nimmt er mit,
> Und wo er wandert, bleibt im Schnee
> Manch Futterkörnchen für Hase und Reh.
> Leise macht er die Türen auf,
> Jubelnd umdrängt ihn der kleine Hauf:
> Sankt Niklas, Sankt Niklas,
> Was hast du gebracht?
> Was haben die Englein für uns gemacht?

Alternativ soll es noch einen anderen Vers gegeben haben, wie ich später erfahren habe, und der ging so:

> Sankt Niklas durch die Wälder schritt,
> manch Tannenbäumchen nimmt er mit.
> Er zahlt sie nicht, er darf sie klaun.
> Der Vater darf sich das nicht traun.
> Muss sie bezahlen, so ein Mist
> Und nur, weil er kein Heiliger ist.

Valentin und die Karlstadt beginnen tief gerührt zu weinen. So schöne Verse hören sie nicht jeden Tag. Dann beginnt die Bescherung. Das Töchterchen schenkt der Karlstadt, ihrer Mutter, eine Haube. „Da schau her, Vater, so was Schönes", freut sich die Karlstadt. „Ah, da schau her, Ölsardinen!", brummt Valentin.

„Geh, mach doch deine Batzlaugen auf", knurrt die Karlstadt, „a Haube hat sie mir geschenkt, die is schön ..."

„Ja, hast du die Haube selbst gestrickt?", will sie wissen. Als sie erfährt, dass das liebe Kind die Haube nicht selbst gestrickt, sondern im Kaufhaus Oberpollinger geklaut hat, sind die Eltern ganz gerührt über so viel Kindesliebe. Sie staunen, dass es „beim Oberpollinger, diesem Ramschladen", überhaupt so schöne Hauben gibt.

„Ja, das hast du brav gemacht", lobt die Karlstadt ihr Töchterchen. „Jetzt ist alles so teuer, da kann man nichts mehr kaufen. Du bist ein gutes Kind, du bist jetzt schon reif fürs Zuchthaus – mach nur so weiter. – Hat dich auch keiner gesehen?", will sie wissen. Als das Mädchen verneint, schlägt ihr die Karlstadt vor: „Dann gehst nächste Woch gleich nochmals hin und holst mir noch eine Haube."

„Ja", meint der Vater, „und mir bringst einen Mercedes mit."

Jetzt bekommen die Kinder ihre Geschenke, der dicke Bub eine „Zugharmonika" und das Mädchen einen „Springstrick".

In diesem Augenblick bricht der Kaminkehrer, ein zwei Meter großer Lackl, in voller Montur – mit hohem schwarzem Zylinder und mit einer langen Leiter – in die weihnachtliche Feier herein. Die Kinder erschrecken sich vor dem schwarzen Mann und beginnen zu schreien. Valentin will ihn sofort wieder hinauswerfen, weil er die Frechheit hat, die Bescherung zu stören. Doch der Kaminkehrer weigert sich zu gehen. Er hat zufällig gerade sofort Zeit. Deshalb kratzt er jetzt im Ofen herum, zerlegt ihn und schwärzt dabei die Bude ein.

Ein allgemeines Tohuwabohu entsteht. Die Kinder tanzen mit ihren Geschenken – der dicke Bub mit seiner Ziehharmonika und das Töchterchen mit ihrem Springseil – um den Schaumkuchen herum. „So hört doch auf, ihr Fratzen!", schimpft die Karlstadt.

Nun ist Valentin an der Reihe. Er überrascht seine Frau mit einem Papierdrachen.

„Schau", sagt er, „du bekommst von mir einen Fotografie von dir, die hab ich vergrößern lassen."

Die Karlstadt reagiert beleidigt, schenkt dem Valentin aber dann doch ein „Conckorell-Montorad", das wie ein altes Kinderdreirad aussieht und für den langhaxerten Valentin viel zu klein ist. „Heuer musst noch treten", erklärt sie, „'s nächste Jahr kriegst dann an Hilfsmontor dazu." Valentin kurvt mit dem Dreirad sofort quer durch die Stube und wirft alles um, was noch steht. Die Deckenlampe bricht jetzt ganz herunter. Die Kinder schreien durcheinander, die Karlstadt plärrt die Kinder zusammen. Valentin schimpft den Kaminkehrer, weil der das schöne Fest stört. Zum Abschluss der Bescherung ertönt der fröhliche weihnachtliche Familiengesang: „Fuchs, du hast die Gans gestohlen …"

Danach kann der gemütliche Teil beginnen und die Karlstadt bittet den Kaminkehrer, doch Platz zu nehmen. Der folgt der freundlichen Einladung und hockt sich prompt auf den Schaumkuchen, der auf dem Stuhl steht. „Mama, Mama …!", plärren die Kinder.
„Jessas Maria! Dass mir das grad auf Johanni passieren muss", krakeelt der Kaminkehrer und putzt sich den weißen Tortenschaum von seiner schwarzen Hose.
Plötzlich Totenstille im Raum.
Valentin bleibt mit offenem Mund auf seinem „Conckorell-Montorad" mitten im Zimmer stehen.
„Ja, wie kommen Sie denn auf Johanni?", fragt er ganz verdattert.
„Ja, heut ist doch der 24. Juni", ruft der Kaminkehrer.
„Himmikreuzsapprament!", flucht Valentin. „Da geht ja mein Abreißkalender nach!"
„Das sieht dir wieder einmal gleich", stöhnt die Karlstadt.
„Siehst, Alte", brummt Valentin, „drum hab ich heut den Christbaum auch so billig kriegt."

Die Darsteller des „Christbaumbrettls" in Aktion (Archiv Anneliese Kühn)

So chaotisch endet Karl Valentins berühmtes „Christbaumbrettl", mit dem er die Zuschauer dieses Dramas ganz schön verwirrt, aber auch begeistert hat. Beim Hinausgehen aus dem Germania-Brettl hörten wir so manchen brummen: „A gspinnerter Teifi is er schon, der Valentin!" und „So was Saudumms muss einem erst einmal einfallen!" Ende September wurde Valentins Drama dann auch in den Münchner Kammerspielen aufgeführt. Aber kurz darauf hat mir mein Vater erzählt, dass die Münchner Polizeibehörde an dem Stück Anstoß genommen hat. „Die Aufführung des ‚Christbaumbrettls' und ähnlicher Einakter in den Kammerspielen falle aus dem Rahmen eines Theaterunternehmens" und dürfe daher nicht aufgeführt werden.

Diesem Vorwurf habe dann aber sofort Dr. Hermann Sinsheimer, Theaterkritiker der „Münchner Neuesten Nachrichten" vehement widersprochen: Die Polizeiklage sei unberechtigt, „sowohl vom Standpunkt der Freiheit der Kunst wie auch aus dem Sinne der Konzessionierung heraus". Sinsheimers Ansicht pflichteten kurz darauf auch Bertolt Brecht und der Schriftsteller Arnold Bronnen bei, sie protestierten gegen die polizeilichen Angriffe gegen Valentin mit folgender Erklärung:

„Das Stück ‚Christbaumbrettl' von Karl Valentin ist, vom literarischen Standpunkt betrachtet, ebenso wie die anderen Stücke Valentins, ein dramatisches Produkt von Rang. Seiner inneren Struktur wie nach seinen Darstellungsmöglichkeiten greift es auf die Urformen jeder dramatischen Kunst zurück. Da Valentin, ein Darsteller allererster Formats, ebenso wie Nestroy, die Hauptrollen seiner Stücke selbst verkörpert, gewinnen diese Stücke, die diese Zeit und die Menschen dieser Zeit in den Spiegel der Komik einfangen, ein besonderes Gesicht.

gez. Bertolt Brecht
gez. Arnold Bronnen."

Für mich ist Valentins „Christbaumbrettl" jedenfalls eines meiner Lieblingsstücke geblieben, sicher auch deshalb, weil ich den großen Tragikomiker und seine Partnerin Liesl Karlstadt darin selbst auf der Bühne erleben durfte. Bertolt Brecht hatte schon recht, als er Valentin als „einen durchaus blutigen, komplizierten Witz" bezeichnete. Und wenn Kurt Tucholsky dessen Komik „einen Höllentanz der Vernunft um beide Pole des Irrsinns" nannte, dann habe ich das eigenäugig und eigenohrig selbst erfahren dürfen.

Fremd ist der Fremde nur in der Fremde

Warum in Bayern „Heiligabend" auch „Valentinstag" heißt

Beliebt an Weihnachten sind bekanntlich Aufführungen, bei denen die sogenannte „Herbergssuche" vorgespielt wird. Dabei ziehen zwei Kinder, verkleidet als Maria und Josef, auf der Bühne von einem Gasthaus zum anderen. Es ist Nacht und die zwei klopfen, erschöpft von der langen Wanderung von Nazareth nach Bethlehem, an die erste Türe. Da erscheint dann immer ein Bub, der sich als Wirt verkleidet hat und fragt mürrisch: „Wer klopfet an?", worauf Josef winselt: „O zwei gar arme Leut!" Darauf grollt der Wirt: „Was wollt ihr dann?" Darauf wieder Josef: „O gebt uns Herberg heut! O, durch Gottes Lieb wir bitten, öffnet uns doch eure Hütten!" Jetzt wieder der Wirt: „O nein, nein, nein!" Josef lässt aber nicht nach: „O lasset uns doch ein!" Der Wirt denkt gar nicht daran: „Es kann nicht sein." Josef bleibt jedoch hartnäckig: „Wir wollen dankbar sein!" Jetzt ist der Wirt sauer und brüllt: „Nein, nein, nein, es kann nicht sein, da geht nur fort, ihr kommt nicht rein!" Und schon haut er den beiden die Türe vor der Nase zu.

Maria und Josef gehen daraufhin von einem Gasthaus zum andern, betteln um ein Quartier, werden aber überall abgewiesen. Schließlich kommen sie zum letzten Wirt und der schickt sie zu einem Viehstall. Josef meint kleinlaut: „O, wohl ein schlechter Ort!" Drauf der Wirt: „Ei, der Ort ist gut für euch, ihr braucht nicht viel. Da geht nur gleich!"

Das „Herbergssuche"-Spiel soll den Zuschauern vor Augen führen, dass auch sie im Grunde genommen wie die Wirte handeln würden, wenn da plötzlich nachts zwei Fremde vor der Türe stünden und um ein Quartier bäten. Ganz klar, auch wir würden die beiden abweisen, und zwar einfach nur deshalb, weil sie uns fremd sind.

Was aber ist denn ein Fremder überhaupt? Diese Frage stellte sich auch schon der Komiker Karl Valentin und er überlegte, ob ein Frem-

der, der aus der Fremde in ein fremdes Land kommt, dort für immer ein Fremder bleibt. Seine Antwort auf diese Frage lautete:
„Nein! Ein Fremder bleibt nicht immer ein Fremder, weil fremd ist der Fremde nur in der Fremde und dort fühlt er sich fremd, weil jeder Fremde, der sich fremd fühlt, ein Fremder ist, und zwar solange, bis er sich nicht mehr fremd fühlt – dann ist er kein Fremder mehr.

»Immer denkt's in mir!«

Wenn aber ein Fremder schon lange in der Fremde ist, ist das dann auch ein Fremder? Oder ist das dann ein Nichtmehrfremder? Das ist natürlich dann ein Nichtmehrfremder; aber es kann diesem Nichtmehrfremden – unbewusst – doch noch einiges fremd sein, so ist zum Beispiel den meisten Münchnern das Hofbräuhaus nicht fremd – hingegen sind ihnen die meisten Museen fremd. Das heißt, dass also der Einheimische in seiner eigenen Vaterstadt zugleich auch ein Fremder sein kann.
Es gibt aber auch Fremde unter Fremden! Wenn nämlich Fremde mit dem Zug über eine Brücke fahren und ein anderer Eisenbahnzug mit Fremden fährt unter derselben durch, so sind die durchfahrenden Fremden – Fremde unter Fremden.
Das Gegenteil von Fremden sind nun die Einheimischen. Aber dem Einheimischen sind die fremdesten Fremden oft nicht fremd, – er

kennt zwar die Fremden persönlich nicht, merkt aber sofort, dass es sich um Fremde handelt, und daher sind die Fremden ihm nicht mehr fremd, obwohl sie Fremde sind bzw. es sich um Fremde handelt; zumal, wenn diese Fremden in einem Fremdenomnibus durch die Stadt fahren, auf dem ja draufsteht, dass der Bus Fremde fährt. Fragt so ein Fremder nun in einer fremden Stadt einen Fremden – der auch ein Einheimischer sein könnte, der dem Fremden aber wiederum fremd ist – um irgendetwas, was ihm fremd ist, so sagt der Fremde zu dem Fremden, vorausgesetzt, er ist ein Fremder: ‚Das ist mir leider fremd, ich bin hier nämlich selber fremd.‘
Das Gegenteil von fremd ist hingegen bekannt. Wenn ein Fremder einen Bekannten hat, so muss ihm dieser Bekannte zuerst fremd gewesen sein, – aber durch das gegenseitige Bekanntwerden sind sich die beiden nicht mehr fremd. Wenn aber diese beiden Bekannten zusammen in eine fremde Stadt reisen, so sind diese zwei Bekannten dort für die Einheimischen wieder Fremde geworden. Sollten sich diese beiden Bekannten hundert Jahre in dieser fremden Stadt aufhalten, so sind sie dort den Einheimischen nicht mehr fremd.“

Sehen Sie, das alles hätten Maria und Josef bedenken müssen, bevor sie sich von Nazareth nach Bethlehem auf den Weg gemacht haben, aber leider haben sie Karl Valentin nicht gekannt. Hätten sie und die Wirte aber den Komiker gekannt und das, was er über die Fremden erzählt hat, dann gäbe es wahrscheinlich heute in der Adventszeit nicht das Spiel der „Herbergssuche“, bei dem es den Zuschauern vor Rührung fast das Herz zerreißt. Denn Josef hätte dem letzten Wirt dann sicher klar gemacht, dass er zwar vor drei Stunden noch ein Fremder war, jetzt aber, weil er schon drei Stunden in Bethlehem auf Herbergssuche gewesen sei, mittlerweile ein Nichtmehrfremder sei und deshalb Anspruch auf eine vernünftige Unterkunft habe.
Und dann hätte zumindest der letzte Wirt Maria und Josef ein ordentliches Quartier angeboten, sodass das Jesuskind nicht in einem Stall zur Welt gekommen wäre zwischen Ochs und Esel, sondern in einem normalen Gästezimmer zwischen Menschen, weshalb es dann

heute unterm Christbaum auch keine Krippe in der Form gäbe, wie wir sie kennen. Womöglich würde Weihnachten ganz ausfallen, weil ja die ganze Rührung mit dem Christkind auf Heu und Stroh und den singenden Engeln über dem Stall beim Teufel wäre.

Daraus folgt: Es ist gut, dass sich Karl Valentin erst zweitausend Jahre nach der Herbergssuche von Maria und Josef über die Fremden Gedanken gemacht hat und uns dadurch das Spiel der „Herbergssuche", die Krippe und sogar das Weihnachtsfest gerettet hat.

Sehen Sie und deshalb heißt in Bayern nach altem Brauch in einigen traditionsbewussten Gegenden der „Heilige Abend" auch „Valentinstag".

„… und Friede den Menschen auf Erden"

Warum dieser Weihnachtswunsch nie in Erfüllung geht

Immer wieder, und nicht nur an Weihnachten, fragte sich Karl Valentin: „Warum sind die Menschen so böse aufeinander und führen immer wieder gegenseitig Krieg?" Auf diese Frage versuchte er folgende Antwort zu geben:

„In der Bibel steht geschrieben: ‚Gott schuf den Menschen nach seinem Ebenbild.' Nun also! Dann müssten wir Menschen doch alle gut sein, denn Gott heisst doch gut. Hierauf erwidert der christliche Glaube: ‚Gott gab den Menschen den freien Willen.' Das war ein Fehler. Das hätte Gott nicht tun sollen, und deshalb tut nun jeder was er will. Und jetzt ärgert sich der liebe Gott darüber, aber schuld ist er selber.

Wie wäre es schön auf der Welt, wenn jeder Mensch keinen freien Willen hätte und nur das tun würde, was der liebe Gott will. Die Menschen, die dann Krieg führen wollten, könnten das nicht mehr tun, weil Gott gegen den Krieg ist, was aus dem himmlischen Zitat, ‚Ehre sei Gott in der Höhe und Friede den Menschen auf Erden' deutlich hervorgeht. [Dieses Lied wurde bei der Geburt des Jesuskindes von Engeln gesungen.]

Die Frage bleibt demnach offen, ob Gott wirklich dem Menschen einen freien Willen gegeben hat. Zu was für einer Zeit muss denn das gewesen sein? Doch nur bei der Erschaffung der ersten Menschen, also im Paradies bei Adam und Eva, denn mit diesen beiden hat der liebe Gott persönlich verhandelt. Und nun sind wir wieder bei dem alten Thema, bei der historischen ‚Apfelbeisserei'. Hier sprach Gott: ‚Von allen Bäumen im Garten dürft ihr essen, nur nicht von dem Baum mitten im Garten.' Aber ausgerechnet von diesem Baum wollten die ersten Menschen essen. Also hier nimmt man an, dass der Ursprung vom freien Willen zu suchen ist. –

»Nieder mit den Äpfeln! Nieder mit dem freien Willen.«

Nach alten Urkunden soll die Eva die Triebfeder gewesen sein, denn sie wollte und der Adam wollte auch. Das war ein fortwährendes hin und her, sollten sie oder sollten sie nicht in den verbotenen Apfel beissen. Da machte der liebe Gott der Streiterei ein Ende und sprach: ‚Ich gebe euch nun den freien Willen, dann kann jeder von euch beiden tun was er will.‘ Das haben natürlich beide sofort ausgenutzt und beide haben das Verbot überschritten und haben mithin gewollt. Dieser freie Wille hat sich dann fortgepflanzt bis zum heutigen Tage, denn dass wir alle von Adam und Eva abstammen, dürfte heute niemand mehr bezweifeln.

Hätten Adam und Eva damals keinen freien Willen gehabt, hätten sie nicht von dem verbotenen Baume gegessen und hätten sich nicht fortpflanzen können. Die beiden wären ohne Nachkommen gestorben und die Welt wäre heute noch ohne Menschen. Ohne Menschen gäbe es auch keine Kriege. – Also, wer trägt die Schuld an allen Kriegen? Die ersten Menschen, Adam und Eva, nur wegen einem Apfel. Also: ‚Nieder mit den Äpfeln! Nieder mit dem freien Willen.‘ “

Soweit Valentins Überlegungen und deshalb verwundert es auch nicht, dass Adam und Eva ausgerechnet am Heiligen Abend Namenstag feiern dürfen. Die beiden haben mit dem freien Willen die Sünde in die Welt gebracht und an Weihnachten wurde dann vor zweitausend Jahren das Kind geboren, das die Menschen zumindest theoretisch vom Bösen zu erlösen versprach, auch wenn das bis heute noch nicht so recht geklappt hat.

„Im Finstern seh i Di doch net!"

Kurzschluss

An Weihnachten gibt's ja manchmal ein Chaos, vor allem wenn der Strom ausfällt und alle elektrischen Christbaumkerzen auf einen Schlag verlöschen. Dann ist es stockdunkel im Zimmer. Dies war einmal bei der Anni und dem Simmerl der Fall, die sich plötzlich nicht mehr gesehen haben. In dem folgenden Dialog schildert Valentin, zu welch tiefschürfendem, ja fast philosophischem Gespräch die beiden durch die absolute Finsternis angeregt wurden.

ANNI: Simmerl, Simmerl! Wo bist denn?
SIMMERL: Do!
ANNI: Wo?
SIMMERL: Do!
ANNI: I seh Di ja net.
SIMMERL: Desweg'n bin i do da.
ANNI: Ja hörn tua i Di scho', aber seh'gn tua i Di net.
SIMMERL: Ja dös sell ko' i scho' versteh, weilst halt im Finstern
            nix siehst.
ANNI: Aba warum hört ma nacha im Finstern was?
SIMMERL: Ja warum? Hörst Du ebba jetzt grad was?
ANNI: Freili'! Di hör i.
SIMMERL: Warum grad ausg'rechnet mi?
ANNI: Weil halt sunst wahrscheinli neamand da is.
SIMMERL: Ja, woaßt Du dös g'wiss?
ANNI: Freili woaß i dös g'wiss, sunst tat i do außer Dir no
            ebbs hör'n.
SIMMERL: Hörst Du mi denn a, wenn i nix red?
ANNI: Sell woaß i net, red amal nix, ob i nacha was hör.
SIMMERL: Ja jetzt pass auf, jetzt red i nix – – Hast dös jetzt g'hört,
            wia i nix g'redt hab?

55

ANNI:	Ja tadellos – und dös hab i nacha g'hört, wiast g'sagt hast „hast dös g'hört, wia i nix g'redt hab?"
SIMMERL:	So, dös hast g'hört? – – Aber des andere net?
ANNI:	Was für a anders?
SIMMERL:	No ja, wia i nix g'redt hab.
ANNI:	Na, zuaghört hab i scho', aber g'hört hab i nix.
SIMMERL:	Dös is g'spaßig, gell, mit dera Hörerei!
ANNI:	Ja, dös is wohl g'spaßig. – Du Simmerl! Probiern ma dös gleiche mit'n sehn a, statt mit'n Horch'n, schaug amal net, ob i Di na seh?
SIMMERL:	Ja is scho recht, jetzt schaug i amal net – – jetzt hab i net g'schaut, hast du mi' g'sehn?
ANNI:	Na!
SIMMERL:	Hast mi wirklich net g'sehn?
ANNI:	Na g'wiß net, i hab Di ja z'erst a net g'sehn, wiest g'schaut hast.
SIMMERL:	Was? Da hast mi a net g'sehn?
ANNI:	Na!
SIMMERL:	Ja, wo hast nacha da hing'schaugt?
ANNI:	Nirgends.
SIMMERL:	Warum hast denn dann nirgends hing'schaut?
ANNI:	Ja wo hätt i denn sonst hinschau'n soll'n?
SIMMERL:	Ja mei, zu mir her hätt'st schaun soll'n.
ANNI:	Im Finstern seh i Di doch net.
SIMMERL:	Ja warum net?
ANNI:	Wenn Du dös net woaßt, wia soll's denn dann i wiss'n? Wo i doch viel dümmer bin als Du.
SIMMERL:	Na Anni, dös kannst a net sag'n, mir zwei san scho' gleich dumm, sunst kunnt ma net so saudumm daher-red'n.
ANNI:	War dös saudumm, was mir jetzt grad gredt ham?
SIMMERL:	Na ganz saudumm no net.
ANNI:	No net? – – Was is denn nacha ganz saudumm?

SIMMERL:	Ganz saudumm wär z. B. dös, wenn i zu Dir g'sagt hätt – Anni halt dir amal d' Ohrn zua, dann schaug i, ob i Di riach.
ANNI:	So, dös is ganz saudumm!
SIMMERL:	Ja, dös wär ganz saudumm!
ANNI:	O mei, bin i saudumm, dass i net amal g'wußt hob, was ganz saudumm is.

Zum Glück wurde es in diesem Augenblick wieder hell und sicher ging dann auch dem Simmerl und der Anni ein Licht auf.

»Warum hörst du grad
ausgerechnet mi?«

„Des passt doch gar nicht dazu!"

Valentins Weihnachtslied

Musik wurde in Valentins Familie bekanntlich regelmäßig gemacht. Valentin spielte dabei meist auf seiner Zither, auf dem Klavier oder auf der Ziehharmonika. „Ich bin 60", gestand er 1942, „meine Zugharmonika ist 30 Jahre alt, trotzdem hat sie mehr Falten als ich." Seine Tochter Bertl begleitete ihn auf der Gitarre und seine Enkelin Anneliese sang mit ihm Moritaten im Duett. Brachte seine zweite Stimme Anneliese aus dem musikalischen Konzept, raunzte er: „Jetzt kann sie's schon wieder nicht." Valentin schwärmte besonders für sentimentale Wiener Lieder. Sein Lieblingsschlager lautete: „Es wird a Wein sein, und mir wern nimmer sein".

„Wenn Papa Zither spielte", erzählte Bertl, „durfte ich ihn mit der Gitarre begleiten, und wir sangen zweistimmig die schmalztriefendsten Wiener Lieder. Am Klavier spielte er – ohne die geringste Ahnung von einem Fingersatz – den Pilgerchor aus Tannhäuser. Das Wie lässt sich nicht beschreiben. Er hatte eine solche Fertigkeit, um die ihn ein Klaviervirtuose hätte beneiden können. Papa konnte auch schön singen. Er sagte oft: ‚Leider habe ich mir als Schreinerlehrbub meine Stimm' versaut. Ich wollte doch auch so männlich tief reden, wie unsere Gselln, und auf einmal waren die zarten Töne weg! Schad! Ich hab gesungen wie ein Regensburger Domspatz!'"

Doch auch später beeindruckte Valentin noch mit seiner wohlklingenden Stimme, mit der er daheim sogar Weihnachtslieder anstimmte und dazu auf der Zither spielte. Welche Weihnachtslieder er am liebsten sang, ist nicht im Einzelnen überliefert. Nach Aussage der Enkelin waren es die üblichen Weihnachtslieder wie „O du fröhliche" oder „Alle Jahre wieder" oder „Ihr Kinderlein kommet". „Bei dem Lied ‚Stille Nacht, Heilige Nacht' passierte es immer wieder", so erzählte Anneliese Kühn, „dass Opas Lippen plötzlich zu zucken anfingen und er ein ganz weinerliches Gesicht bekam, so gerührt war er bei diesem Lied. Und wenn wir ihn angeschaut haben, rührte uns das

Valentin als Sänger
(Archiv Anneliese Kühn)

traurige Gschau vom Opa so sehr, dass auch wir ganz gerührt waren
und mit den Tränen kämpfen mussten."
Ein Weihnachtslied hat Valentin auch auf der Bühne immer wieder
vorgetragen und das ging so:

> O Tannenbaum, o Tannenbaum,
> wie grün sind deine Blätter!
> Das Lied, das ist schon ziemlich alt,
> drum kennt es ja ein jeder.
> Du grünst auch in der Winterszeit,
> wenn sonst gar nichts gedeihet.
> Doch da sieht man dein Grünes nicht,
> denn da bist du verschneiet.
> Nur einmal blüht im Jahr der Mai,
> nur einmal im Leben die Liebe …

An dieser Stelle unterbrach sich Valentin dann jeweils mit den Worten: „Ham S' den Refrain ghört? Der passt doch gar nicht dazu – den
sing ich nur, weil das Couplet sonst zu kurz ist. Außerdem gfallt mir
das Wörtchen ‚nur' so gut, dass ich es tagelang singen könnt."

Ein unvergessliches Weihnachtsfest
Spannende Weihnachtsgeschenke

Weihnachtsgeschenke, die gab es auch in Valentins Familie. Einmal erkundigte sich ein Bekannter bei Valentin: „Und, was haben Sie denn z' Weihnachten kriegt?", worauf Valentin sagte: „Ein Furunkel!" Natürlich wurden auch vernünftige Präsente gemacht, wofür der Komiker gemeinsam mit seiner Frau eigenhändig sorgte.
Valentins Tochter Bertl berichtet recht anschaulich von den Aktivitäten ihres Vaters zur Weihnachtszeit:

„Papa hatte viel Sinn für Gemütlichkeit und fürs Romantische. Schon die Vorweihnachtszeit war voller Geheimnisse. Mein Vater verstand es, unsere Erwartung täglich zu steigern. Manchmal kostete das gar Nerven! Kindernerven!
‚O mei! I hab was gsehn!' So machte Papa mich auf die Weihnachtsgeschenke neugierig. ‚Es geht mit X an und hört mit Pt auf!', und ich zerbrach mir meinen Kopf, was das wohl sein könnte. ‚Dann hab ich noch was gsehn', versicherte er. ‚Es geht mit großem H an und hört mit kleinem h auf. Mei, da wirst schaun!' Ich rätselte hin und her, aber es stimmte weder ein X noch ein Pt, weder ein großes H noch ein kleines h. Das war die Fantasie meines verspielten Vaters.
Gar nicht leicht war die Prüfung für mich durchzustehen: ‚Ich muss dem Christkindl helf'n, sonst wirds net fertig!' erklärte er mir. Er bastelte in unserm kleinen Zimmer, an dem man vorbeigehen musste, um die eigentliche Wohnung zu betreten. Das Aufregende daran war, dass Papa die Türe sperrangelweit offen ließ. Ein Blick hätte genügt, und ich wäre im Bilde gewesen. Das wagte ich aber nicht, denn er warnte mich: ‚Wenn du reinschaugst und was dalurst, dann holt 's Christkindl alles und bringt's einem anderen Kind! Du weißt ja, das Christkindl sieht alles!'
Natürlich wusste ich das und verhielt mich entsprechend. Manchmal blieb ich unschlüssig stehen, den Kopf verdrehte ich kaum, aber mei-

ne Augen blieben dabei nicht ruhig. Jedoch war ich so vorsichtig, dass ich nichts erspähen konnte.

Am Heiligen Abend kam die so schwer erkämpfte Belohnung: Unter dem Christbaum stand die Nachbildung einer kleinen Kapelle, naturgetreu von Papa gebastelt. Ich durfte an einer Kurbel drehen, dann gingen die Kirchgänger zur Christmette. Die Kirche war im Inneren beleuchtet und durch die Fenster sah man auf die Kanzel, von der der Herr Pfarrer die Ansprache hielt. Seine Stimme war die meines Vaters, der die Metten-Predigt auf eine Phonographenwalze gesprochen hatte: ‚... und Friede den Menschen auf Erden, die guten Willens sind! Amen!'

Und unsere Mama war es, die bis zum frühen Morgen an der Nähmaschine saß und Puppenkleidchen nähte und was das Christkind ihr sonst noch alles in die Hände spielte: Ohne Mama wäre es nicht gegangen – der Initiator aber war und blieb Papa."

Und noch von einem anderen Heiligen Abend kann Tochter Bertl erzählen:

„Ich erinnere mich an ein Weihnachtsfest, an eine Bescherung, die mir unvergesslich geblieben ist. ‚Klingelingeling!' machte das Christkind – ich nehme an, es war die Großmutter –, und dann war es soweit. Im Bescherungszimmer strahlte der Lichterbaum, und meine Kinderaugen erblickten eine Dreizimmer-Puppenwohnung ohne Einrichtung! Sie war elegant, aber leer. Papa, Mama, Großmama drückten ihre Verwunderung darüber aus, was das Christkind sich wohl gedacht haben möge, und ich glaubte, mich auch über das leere Gehäuse freuen zu müssen.

‚Vielleicht bringt 's Christkindl ja 's nächste Jahr die Möbel dazu?', kündigte Mama an. ‚Des wär aber scho g'spassig!' ergänzte Papa. Da läutete es an der Wohnungstür. ‚Ausgerechnet jetzt, während der Bescherung!' Großmama ging zur Tür, um zu öffnen. Sie kam mit einem Riesenpaket zurück. Schon das Packpapier war ungewöhnlich. Es war mit goldenen Sternen bedruckt, und die Anschrift war ebenfalls in Gold gehalten. Sie war an mich gerichtet. Absender: ‚Das Christkind aus der Himmelsstraße'. Die goldene Schnur wurde durchschnitten, das Papier entfernt. Allmählich drang ich ins Innere vor, das voller Geheimnisse war. Nichts war zu sehen als viele kleine und kleinste Päckchen. Jedes einzeln verschnürt. Ich wurde immer aufgeregter vor Neugier. Ausgewickelt mussten werden: der Herr und die Frau Baron, je sechs bis sieben Zentimeter groß, drei allerliebste Kinder, etwa vier bis fünf Zentimeter hoch, und deren Puppen, zwischen 2 und 3 cm. Ein komplettes Schlafzimmer, ein Speisezimmer und ein Salon. Für das Schlafzimmer gab es zwei niedliche, fein umhäkelte Wärmflaschen sowie zwei Töpfchen ‚für unters Bett' und für den Salon sogar ein Rauchtischchen. Und ein Vogelbauer mit einem winzigen Kanarienvogel, zirka 5 mm winzig, hatte im Speisezimmer Platz gefunden. Ich habe später nie wieder eine so bizarre Puppenwohnung gesehen! Acht Hände waren mit dem Auspacken und Einräumen beschäftigt. Ich fiel von einem Entzücken ins andere: ‚Ui! O mei! Ui – da schau her! Ah! Ui!' Es war ein großer Erfolg für Papa."

Sich über das Wunder der Weihnacht wundern

Glaubte Karl Valentin ans Christkindl?

An Weihnachten trieb den Komiker immer wieder die Erwartung ans Christkind um. „Das Christkindl sieht alles!", versicherte er seiner Tochter Bertl und später auch seiner Enkelin Anneliese. Und mit dem Ruf: „Ich muss dem Christkindl helfn, sonst wird's net fertig!", zog er sich in der Adventszeit immer wieder in seine Werkstatt zurück. Besonders faszinierte ihn der Glaube der Kinder, die überzeugt waren, das Christkindl würde sie am Heiligen Abend persönlich mit Geschenken überraschen.

Noch heute fragen sich deshalb viele, ob Valentin eigentlich ein gottgläubiger Mensch war, der auch an die biblische Weihnachtsbotschaft glaubte, die erzählt, dass Gott persönlich als Erlöser auf die Welt gekommen ist.

Valentin, der evangelisch war, „betrachtete die Kirche mehr von außen als von innen", wie seine Tochter Bertl berichtet. Gleichwohl trug er „in seiner Brieftasche ständig zwei Heiligenbilder mit sich herum. Eines war die Schwarze Madonna von Altötting; [...] das andere zeigte einen Schutzengel mit riesigen Flügeln, wie er zwei Kinder schützend über einen Steg führt." Und in seiner Privatbibliothek befanden sich auch zwei religiöse Bücher, zum einen das Alte und Neue Testament, daneben aber auch „Die bairische Bibel" von Josef Benzinger (Erfurt 1932), in der die bekanntesten biblischen Geschichten als humoristische Balladen in bayerischer Mundart erzählt sind. In diesem Buch beeindruckte Valentin besonders der Abschnitt „Arche Noah", womit er sich auch in einer mehrere Seiten umfassenden Betrachtung mit dem Titel „Arche Noah" befasste. Darin zählt Valentin „viele Punkte" auf, „die die Unterbringung dieser Riesenmassen von Tieren in diesem Schiff, Arche Noah genannt, als unmöglich erscheinen lassen. Nur das Buch ‚Die Bayerische Bibel', welches man in jedem Buchverlag zu kaufen bekommt, in welchem das ganze Alte Testament in humoristischer Aufmachung geschildert ist und in einer Illustration sogar den Vater Noah mit Fernrohr und Regenschirm auf der schwimmenden Arche zeigt, gab mir den Anlass meine Nachgrübelei den denkenden Menschen zu übermitteln, ohne mich irgendeinem Spott zu nähern. Gedanken sind zollfrei […] Motto: Es wundert einen heutzutage, wenn sich jemand über Wunder von damals nicht wundert."

Valentins Freund Wilhelm Hausenstein hatte mit dem Komiker „kurz vor seinem Tod noch eine Art Religionsgespräch. Er [Valentin] hatte wahrhaftig angefangen, die Bibel zu lesen, und zwar, wie es seiner Gründlichkeit entsprach, von Anfang an: mit der Schöpfungsgeschichte. Er kam über eine seiner Generation eingegebene Skepsis nicht hinaus, und umso weniger, als er von der Mitte seines Wesens her der besagte hypochondrische Skeptiker auf allen Wegen war. ‚Glaub'n Sie dös all's, Herr Doktor?' Ich werde das Misstrauen nie vergessen, das aus seinem Blick sprach, als ich versuchte, der Unterhaltung eine positive Wendung zu geben. Aber noch stärker als der Flimmer des Zweifels in den hellen Augen unter den rötlichen Haaren war der trübe Ausdruck der Müde und Traurigkeit in den dauernd sich verwandelnden Blicken des Mannes, der wohl fühlen mochte, dass er sich den Letzten Dingen näherte, aber keinen irgendwie näher angesetzten, dichter gefügten Begriff von ihnen hinübernehmen konnte." Dies war nicht mehr derselbe Mann, der noch Jahre vorher einmal im Hinblick auf den Tod lakonisch meinte: „Alles möcht i werdn bei der Seelenwanderung, nur koa Kirchweihgans."

Schon in früheren Jahren hatte sich Valentin auch mit der Möglichkeit eines Weiterlebens nach dem Tode beschäftigt. „Aber, dass ein Mensch", äußerte er damals mit der ihm eigenen Logik, „der bereits das Diesseits verlassen hat, nicht nur im Jenseits, sondern auch im Diesseits und nicht nur seelisch, sondern genau wie er gelebt hat, weiterlebt, habe ich erst im Kino in einem älteren Film gesehen, in welchem ein vor Jahren verstorbener Filmschauspieler seine Rolle

heute noch spielt. Es gibt also in unserer Gegenwart zwei Weiterleben nach dem Tode: eines im Jenseits, und eines im Kino."
Eines steht jedoch fest, in der Weihnachtszeit wurde Valentin selbst wieder zu einem Kind, das überzeugt war, dass das Christkind alles sieht und er ihm bei den Vorbereitungen unbedingt helfen müsse.

„Christbaum vom 24. Juni" und „Winterzahnstocher mit Pelzbesatz"

Zwei skurrile Exponate in „Valentins Panoptikum"

„Panoptikum", so nannte Valentin sein erstes Museum, in dem zahlreiche seltsame, heitere, aber auch gruselige Exponate zu sehen waren. Etliche dieser Schaustücke reizten zum Lachen, bei anderen blieb einem das Lachen aber im Halse stecken. Zwei Exponate waren in Valentins Panoptikum zu sehen, die mit Weihnachten und der Winterszeit zu tun hatten.

Zum einen stand da ein kleiner Christbaum, ganz ohne Nadeln, bei dem in einige Zweige ein paar Stecknadeln gespießt waren. Das Bäumchen war schlampig in zwei übereinanderliegenden Holzbrettern arretiert. Daneben lag eine geöffnete Zündholzschachtel, in der einige vertrocknete Tannennadeln aufbewahrt waren. Auf einem Schild stand: „Christbaum, gepflückt am 24. Juni, weshalb er auch spottbillig war, auf einigen Holzbrettln mit Nadeln im Zündholzschachterl."

Das zweite Exponat war der bis heute berühmte „Winterzahnstocher mit Pelzbesatz", ein in Watte gehüllter Zahnstocher. Aber wer hat sich diesen „Winterzahnstocher mit Pelzbesatz" eigentlich ausgedacht? Na ja, Karl Valentin natürlich, wird jeder sagen, aber das ist nicht wahr.

Kaum einer weiß, dass ausgerechnet dieses bekannte Schaustück nicht von Valentin erfunden wurde, sondern von einem gewissen Herrn Achenbach, von dem Valentin am 12. Februar 1935 den folgenden Brief erhielt:

Regina Palast Hotel – 12./2.35

Sehr geehrter Herr Valentin,
heute wollte ich Ihr Museum besuchen. – Pech! – Es ist geschlossen.
Ich hatte die Absicht, Ihnen etwas für das Museum zu stiften: Einen „Winterzahnstocher mit Pelzbesatz".
Hiermit sei er Ihnen überreicht – vielleicht macht er Ihnen Freude.
Das Material lieferten die Firmen Kloster Drogerie München einen Zahnstocher u. Syndetikon, Stiefenhofer G.m.b.H. den echten Katzenpelz.
Zusammengestellt wurde das Ganze im Laden der Kloster Drogerie unter gütiger Assistenz einer blonden jungen Dame, die Sie einladen lässt, sie zu besuchen.
Mit den besten Wünschen für Ihr Wohlergehen
grüße ich Sie und Ihre gute Liesl Karlstadt als
Ihr sehr ergebener Achenbach

Karl Valentin schien von diesem Exponat derart angetan gewesen zu sein, dass er es in seinem „Panoptikum" ausstellte. Allerdings nannte er nicht die vier wahren Erfinder, Hersteller und „Rohstoff"-Lieferanten des skurrilen Objekts.
Noch heute kann man eine Nachbildung des Zahnstochers im Münchner „Valentin-Karlstadt-Musäum" erwerben. Wie es heißt, wird dieses absonderliche Stück immer wieder als ausgefallenes Präsent an Weihnachten verschenkt.

Ein makaberes Christkindl-Geschenk
Damit das Kind was zum Spielen hat

Das wohl makaberste Ausstellungsstück in Karl Valentins „Panoptikum" war eine Guillotine mit dem Titel: „Die letzten Augenblicke des Raubmörders Peter Kürten". Dieses Fallbeil war Teil der Folterkammer, weshalb Valentin das Panoptikum nicht nur als Lachkeller, sondern auch als „Gruselkeller" bezeichnete.

Unter der ausgestellten Guillotine lag ausgestreckt auf dem Bauch die Wachsfigur des Mörders. An seinen Füßen machte sich der mit einer Kapuze verhüllte Scharfrichter zu schaffen. Neben der Guillotine stand das Reklameschild „Kopfschmerzen jeder Art beseitigt unter Garantie sehr rasch Scharfrichter Wuchtig". Wenn Valentin dem Publikum den Mechanismus der Tötungsmaschine nicht selbst erklärte, tat dies ein Mann, namens Donderer, der hauptberuflich Gehilfe des im Gefängnis Stadelheim tätigen Scharfrichters Johann Reichart war. Und mit dem war Valentin persönlich bekannt.

Der Legende nach erhielt Valentin für sein „Panoptikum" eine ausgemusterte Guillotine, „mit der fei zwoahundert Personen köpft wordn san", wie er stolz betonte. In Wahrheit handelte es sich jedoch um eine wirklichkeitsgetreue Nachbildung der in Stadelheim verwendeten „Fallschwertmaschine".

Als das Justizministerium darauf aufmerksam wurde, dass der Scharfrichtergehilfe Donderer sich als Erklärer der Guillotine betätigte, wurde ihm das verboten und wenig später verlor er sogar seinen Posten: Man entließ ihn aus dem Staatsdienst.

Das Bayerische Justizministerium fragte außerdem beim Innenministerium an, ob die Genehmigung für die Darstellung der Hinrichtung weiterhin aufrechterhalten werden solle. Die Polizeidirektion München wollte daraufhin das Zeigen der Guillotine zunächst untersagen, unterließ dies dann aber, um kein Aufsehen zu erregen. Zumindest wurde der Bauplan der Guillotine eingezogen.

Was aber hat diese Guillotine mit Weihnachten zu tun?

Später, nach Auflösung des „Panoptikums", stellte Valentin das makabere Exponat in seinem Obstgarten in Planegg auf, allerdings ohne Beil. Als er gefragt wurde, warum er das gruselige Gestell ausgerechnet dort platziert habe, meinte er: „Ja mei, damit 's Enkelkind was zum Spielen hat." Und grinsend soll er hinzugefügt haben: „Des hat 's Christkindl da Annelies bracht."

Weihnachtsgeschenk an eine Köchin

Auch wenn's der Trampel nicht verdient hat

Natürlich bekamen früher auch Dienstboten kleine Weihnachtsgeschenke von ihrer Herrschaft, so zum Beispiel Köchinnen. Interessant ist, dass 1899 von Valentins Eltern eine junge Frau als Dienstmädchen und Köchin eingestellt wurde. Sie hieß Gisela Royes und gefiel dem jungen Valentin so gut, dass er sich in sie verliebte und sie dann später auch heiratete.

So verwundert es nicht, dass Valentin in seinem Monolog „Die Frau Funktionär" auch eine Köchin zum Thema macht. Allerdings lässt er die feine Dame über ihre Bedienstete folgende Beurteilung abgeben:

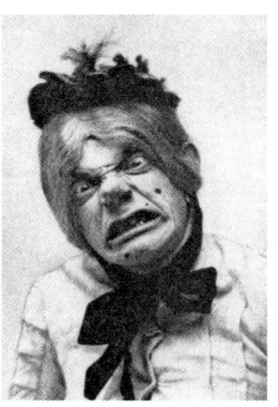

Valentin
als »Frau Funktionär«
(Archiv Anneliese Kühn)

„[…] mit de Dienstboten ist das heutzutage aa so a Kreuz. Moanas ich treibet jetzt a neue Köchin auf? Nicht um alles in der Welt. Dö ma jetzt ham, dera gfallts nimma bei uns, ham Sie Worte? Tut man dem Trampel alles, was man ihr von die Augen absieht; Mittag gibt ma ihr 's ganze Essen, dös was mir nimma mögen, hat ihr eigenes Bett, d' Ortskrankenkasse lasst ma ihr selba zahln und da g'fallts ihr nimma bei uns; da kann man doch gar nimma reden. Ich mein, wenn man einem Menschen in jeder Weise entgegenkommt wie ich – neulich bin ich ihr sogar zum Metzger entgegen komma, weil s' imma so lang ausbleibt und habs recht z'sammag'staucht. [...] Schauns, auf Weihnachten hat ma koa Geld ang'schaut, mei Mann hat ihr drei Ohrringel kauft und einen Schlittschuh und ich hab ihr, dass s' auch a Freud hat, vom Kaspar Ostermayer 's Magdzimmer desinfektieren lassen; meinas ich hab an Dank g'habt, ja an Dreck – aber heuer auf Weihnachten, wenns noch bei uns ist, solln s' von mir aus d' Wanzen fressen. Kinoschauspielerin möchts jetzt werden! Ham Sie Worte! Sie, mit dera broatn Bauernfünferlarva! Denkens lieber an eahna Kocherei hab i gsagt, dass S' lerna, auf was für a Seiten dass ma 's Butterbrot schmiert, moana denn Sie mit eahnan gwarzatn Verdrussfalten-G'sicht und mit eahnan Baumhacklteint werden Sie a Schauspielerin? A Abspülerin könnens macha in der Wärmstube, in der 15 Pfennig-Abteilung hint.

Ja, es ist unglaublich, und eingebildet ist die Person; sie bildet sich immer ein, mein Mann ist in sie ganz verrückt, so was braucht sie sich doch nicht einbilden, der freche Socka, wo es doch bittere Wahrheit ist. An ganzen Tag hats nur ihre Mannsbilder im Kopf, drum ist sie auch so furchtbar zerstreut. Was tuts nicht neulings? Reibts net in unserm chinesischen Speisesalon die schöne Goldtapete mit Stahlspäne ab, dass d' Fetzen glei bis am Fußboden runter g'hängt san; an Parkettboden putzt's Rindvieh mit Sidol, an Kanarienvogel gibt sie's Hundsfressen, auf Weihnachten hat's Ostereier g'färbt, am hl. Dreikönigstag hat's Kirtanudln bacha, auf Pfingsten hat's auf unser schwarz poliertes Tafelklavier mit der weißen Ölfarb Kaspar, Melchior und Balthasar naufg'schrieben und d' Goldfisch reibts mitn Staublumpn ab."

Und einen solchen „ausgschamten Trampel" verwöhnt die Herrschaft dann auch noch und überhäuft ihn mit Weihnachtsgeschenken.

„Vorsicht mit Weihnachtsgeschenken!"

Eine Warnung an alle Eltern

Während Valentin sich mit den Weihnachtsgeschenken für die eigenen Kinder also unendliche Mühe machte, warnte er als Hypochonder, der vor allem Angst hatte, andere Eltern davor, ihren Kindern überhaupt etwas zu Weihnachten zu schenken. In seinem „Aufruf an alle Eltern" schrieb er dazu Folgendes:

„Liebe Eltern! Weihnachten ist nahe, das Fest der Kinder, das Fest der Gaben – und Kinder wollen halt Spielsachen haben.

Für einen hypochondrischen, überängstlichen Vater oder eine solche Mutter ist es schwer, eine richtige Art Spielzeug zu finden, weil solche Eltern in einem jeden Spielzeug eine Gefahr für die Kinder befürchten. So ein Hypochondervater bin ich auch.

Gibt es überhaupt harmlose Kinderspielsachen? Bei näherer Überlegung nicht.

Ich wollte meinen Enkelkindern Schi oder Rodelschlitten kaufen, aber die Kinder könnten damit stürzen und die Genicke brechen.

Gummibälle dagegen wären gefahrlos – oh, nein! Gummibälle kollern auf dem schmutzigen Boden umher, allerlei Bazillen, Bakterien und sämtliche Krankheitserreger bleiben daran haften, wandern von den Kinderhänden in den Mund und infizierte Krankheiten – wie Scharlach, Masern, Altersschwäche usw. – sind die Folgen. Also keine Gummibälle!

Eine Kindereisenbahn? Nein! Die geheizte Dampflokomotive könnte unter die Bettlade fahren, fällt um; der brennende Spiritus läuft über, das Bett fängt zu brennen an, das Zimmer auch, die Kinder auch – und das Unglück ist fertig.

Der Steinbaukasten kommt schon gar nicht in Frage! Wie leicht kommen Kinder in Streit, werfen sich gegenseitig einen Stein an die Schläfe – man denke hier an David und den Riesen Goliath.

»Was soll das Christkind den Kindern nur bringen?«

Ein Farbkasten ist harmlos, aber beim Malen von grünen Blumen verwendet man grüne Farbe. Grün setzt Grünspan an, Grünspan ist Gift – also wieder eine Gefahr für Kinder.

Geduldsspiele sind für Kinder wiederum nicht zu empfehlen: in ihren jungen Jahren könnte denselben schon die Geduld reißen und ein Nervenleiden wäre unausbleiblich.

Papierdrachen zwingen die Kinder zum Spielen im Freien, frische Luft ist für die Kinder gesund, aber wenn der Drachen in der Luft fliegt, schauen die Kinder nach oben, und unten laufen sie schließlich in ein Auto oder eine Straßenbahn und werden überfahren.

Trommeln und Trompeten sind an sich harmlos, aber da machen die Kinder wieder zuviel Lärm – die Hausinwohner beschweren sich, die Eltern bekommen mit diesen Streit, Gerichtsverhandlungen sind die Folgen; also Trommeln und Trompeten sind auch nicht das Richtige.

Badehosen für den Sommer: die Kinder gehen zum Baden, könnten dabei ertrinken.

Eine Zimmerschaukel? Strick reißt – Hals- und Beinbruch.

Kleine farbige Schusser zum Kugeln sind sehr gefährlich: Die Kinder nehmen aus Übermut solche Kugeln in den Mund, die Kugeln rutschen hinunter, der Arzt kuriert auf Gallensteine, und wer ist schuld: die unvernünftigen Eltern.

Also keine Weihnachtsgaben? Doch! Ein Geschenk wäre eventuell gefahrlos: ein Radio! Aber auch der kann Gefahr bringen: bei den überaus lustigen Sendungen der letzten Zeit könnten sich die Kinder und auch die Erwachsenen krank lachen – also auch wieder nichts.

Händeringend griff ich mir an den Kopf; was soll ich denn meinen Kindern zum Weihnachtsfest geben? Da hörte ich per Zufall aus einem Schallplattengeschäft Musik – ich lauschte, eine Schallplatte lief eben vom Stapel und schmetterte das schöne Weihnachtslied hinaus auf die Straße ‚O du fröhliche, o du selige, gnadenbringende Weihnachtszeit'. Nun wusste ich, was das Weihnachtsfest bringen soll. – ‚Gnade' soll es bringen. Das ist was Schönes und was Billiges – und ganz gefahrlos!"

Valentins Weihnachtsgabe für Georg Blädl

Alles für ein paar Kasperlköpfe

Ein besonderes Weihnachtsgeschenk erhielt Georg Blädl, Valentins Komikerkollege. Er erinnerte sich 1951 an folgende Begegnung mit Karl Valentin ein paar Jahre zuvor:

„In Pasing war es, bei der Weihnachtsfeier eines bekannten Münchner Betriebes. Karl Valentin saß neben mir und wir tauschten Erinnerungen aus. Als ich ihm erzählte, dass ich genau wie er selbst ein leidenschaftlicher Bastler bin und vor habe, für die kommende Weihnacht Handkasperlköpfe zu modellieren, gab Valentin mir ein Rezept für die Herstellungsmasse.

‚Da nehma S' a alts Zeitungspapier und woachas des Papier im Wasser ei, dann nehmas a Tafel Schreinerleim.'

‚Halt', sag ich zu ihm. ‚Schreinerleim hab ich keinen!' (Es war schließlich die Notzeit vor der Währungsreform.)

Valentin fragte mich: ‚Wohna S' noch immer in Laim?' Ich nickte.

‚Wissen S' was', meinte da Valentin zu mir. ‚Dann schick ich Ihna an Leim nach Laim!'

Tatsächlich kam zwei Tage später ein Päckchen, in dem eine Tafel Schreinerleim behutsam verpackt war, mit der Post an. Momentan war ich ein bisserl verärgert, weil kein Zettel beilag, auf dem ein Gruß vermerkt war. Aber da entdeckte ich auf der Leimtafel Valentins Handschrift und ich las:

‚Herzlichen Gruß, Karl Valentin.'

Und so bin ich der glückliche Besitzer einer seiner letzten Autogramme, und das auf einer Tafel Schreinerleim. Heute ist sie im Museum von Hannes König im Isartor, dem Valentin-Musäum, zu besichtigen, denn ich habe sie nicht verarbeitet."

's Weiber 'zammbinden

Erlebnis in der Christmette

Wenn von der Christmette die Rede war, erinnerte sich Karl Valentin immer an eine schöne Begebenheit aus seiner Jugendzeit, an das legendäre „Weiber 'zammbinden", von dem er Folgendes zu erzählen wusste:

„'s Weiber 'zammbinden", Zeichung von Ludwig Greiner   (Archiv Anneliese Kühn)

„'s Weiber 'zammbinden in der Christmette ist ein uralter Auer Brauch und soll schon aus dem sechzehnten Jahrhundert stammen, erzählen heute noch die alten Auer, eine Gaudi, wie das Geldbeutelwaschen an Aschermittwoch im Fischbrunnen am Marienplatz.
Natürlich war das für uns Auerbuben ein Gfrett. Der Mutter wurde zu Hause ein Stück – ungefähr zehn Meter – vom Waschstrick abgeschnitten, im Hosenbein versteckt und um elf Uhr nachts trafen wir uns in der Christnacht bei irgend einem Kameraden. Um zwölf Uhr gingen wir wie alle anderen Leute in die Mette, aber wir Buben drückten uns immer hinten herum bis zum Schluss.

Dann nahm ich den Strick und drängte mich in einen Haufen alter Weiber. Das andere Ende des Strickes hielt ein Anderer von uns fest in der Hand und blieb standhaft auf seinem Platz stehen, bis ich wieder zu ihm kam; dann hatte ich mindestens schon zwanzig Weiberleut in meiner Schlinge. Am Schluss der Mette knüpften wir die zwei Enden zusammen und warteten nun, bis der Gottesdienst aus war und die Leute aus der Kirche gingen. Da hub auf einmal ein leises Schimpfen an, – die Frauen konnten nicht mehr auseinander und der ganze Pack wurde von der hinausströmenden Menge mitgezerrt bis auf die Treppe, worauf dann edel denkende Herren und Damen den Strick aufknüpften und die Gefesselten befreiten. Nun ging erst das richtige Schimpfen los:
‚De Saubazi ham uns zsammg'hängt, dene g'höreten Fünfundzwanzig auf den Nackaten!' und die gschertesten Auer Kraftausdrücke verhalten in der kalten Weihnachtsnacht. – ‚Kyrie eleison!'"

Weihnachtsessen mit Gebrauchsanweisung

Mahlzeit!

Zum Essen hatte Valentin, wie zu allen anderen Dingen, auch eine recht eigenartige Einstellung.

Als er beispielsweise einmal in Berlin gastierte, bestellte er zum Frühstück eine Flasche Bier. Der Kellner war pikiert: „Aber Herr Valentin, zum Frühstück trinkt man doch Kaffee, Tee oder Kakao. Kein Mensch trinkt zum Frühstück Bier." – „Ich bin ja auch kein Mensch", gab Valentin zu bedenken, „ich bin a Bayer."

„Zum Essen", erinnert sich Valentins Enkelin Anneliese Kühn, „hat der Opa gerne ein Stück trockenes Brot gehabt. Seinen Kaffee oder Tee hat er am liebsten aus seiner Blechtassn getrunken. Bier hat's selten gegeben, höchstens einmal eine Halbe zum Mittagessen."

Eine besondere Leidenschaft hatte Valentin für das Gewürz „Maggi", mit dem er jede Speise würzte. „Hätt grad noch gefehlt", so Anneliese Kühn, „dass der Opa auch den Kuchen noch mit Maggi betropft hätt."

Alte Maggi-Werbung aus dem Besitz Karl Valentins (Archiv Anneliese Kühn)

Für den Nachmittagskaffee hatte Valentin wenig übrig. „Schade um die Zeit!", meinte er. Nur selten trank er „eine Tasse gewässerten Malzkaffee (ohne Milch und Zucker)", wie seine Tochter Bertl beobachtete. Häufig sammelte er dann, noch bevor alle das Kaffeetrinken beendet hatten, bereits die Untertassen ein, womit er zu verstehen gab, dass man sich endlich wieder an die Arbeit machen solle.

Seinen Geburtstag feierte der Komiker nach Aussage seiner Tochter Bertl ebenfalls nicht gern. „Jedes Jahr an seinem Geburtstag erklärte er: ,Ich hab's ja dick, des Gratuliertwerdn.'" Ignorierte man aber sein Wiegenfest, war ihm das auch nicht recht.

Essensreste und Küchenabfall entsorgte Valentin auf recht ungewöhnlichem Weg. Eines Sonntagsmorgen, als sich die Familie in der Kirche aufhielt, schlug er kurzerhand ein Loch in die Außenmauer des Hauses. „Da können wir dann den Abfall hinauswerfen", informierte er die verdutzten Angehörigen, „vor allem die Essensreste für die Hühner. Da brauchst du dann net immer ums ganze Haus herumlaufen", erklärte er seiner Frau. „Des is doch praktisch!" Erst als sich Valentin von der hereinströmenden Zugluft zu sehr belästigt fühlte, ließ er sein Müllentsorgungspatent wieder verschwinden, indem er das Loch zumauerte.

Und, was gab es an Weihnachten zu essen? „Ganz einfach das", so meinte Anneliese Kühn grinsend, „was auf den Tisch kam."

Einmal kaufte Valentin zur Weihnachtszeit in der Konditorei Altmann ein Päckchen Lebkuchen. Er wurde sehr freundlich bedient. Schon im Gehen drehte er sich nochmals um und fragte den Konditor: „Sie, entschuldigen S', ist in dem Packl auch a Gebrauchsanweisung drin?"

Das Festmahl am ersten Weihnachtsfeiertag

Oder: Ohne Nörgeln geht es nicht!

Valentins Ehefrau hatte es mit ihrem Mann bekanntlich nicht leicht. Er, der alles beim Wort nahm, brachte auch seine Frau so manches Mal zur Verzweiflung. „Sticheleien", so erzählte mir Valentins Enkelin Anneliese Kühn, „gab es immer wieder, selbst an den Weihnachtsfeiertagen. Und manche Auseinandersetzung hat mein Opa dann ganz ungeniert in einem seiner Dialoge verarbeitet. So ist sicher auch der Dialog ‚Der Hasenbraten' aus einem Disput meines Opas mit meiner Oma entstanden."

Wenn es am ersten Weihnachtsfeiertag vielleicht nicht unbedingt einen Hasenbraten gab, die Atmosphäre zwischen einem Ehepaar schildert Valentins gleichnamiger Dialog doch recht anschaulich.

MANN: Elisabeth! – Ich hab doch Hunger, was is denn heute mit dem Hasenbraten?

FRAU: Der ist noch nicht ganz fertig, aber die Suppe steht schon am Tisch.

MANN: *(schlürft)* Na, die Suppe ist heut wieder ungeniessbar.

FRAU: Wieso? Dös is sogar heut eine ganz feine Supp'n.

MANN: Das sagt ja auch niemand, dass die Supp'n nicht fein ist, ich mein' nur, sie ist ungeniessbar, weil's so heiss ist.

FRAU: Eine Suppe muss heiss sein.

MANN: Gewiss! Aber nicht zu heiss!

FRAU: dddddddd – – alle Tag' und alle Tag' das gleiche Lied, entweder ist ihm d' Supp'n z' heiss oder sie ist ihm zu kalt; jetzt will ich Dir amal was sag'n, wenn ich Dir nicht gut genug koch', dann gehst ins Wirtshaus zum Essen.

MANN: Dös is gar net notwendig, die Supp'n is ja gut, nur zu heiss.

FRAU:	Dann wartest halt so lang, bis kalt is.
MANN:	Eine kalte Supp'n mag ich auch nicht.
FRAU:	Dann – – – – – – – jetzt hätt' ich bald was g'sagt.
MANN:	Ich weiss schon – – – – – nach'm Essen.
FRAU:	Jeden Tag und jeden Tag muss bei uns gestritten werden, anders geht's nicht.
MANN:	Na ja, Du willst es ja nicht anders haben.
FRAU:	So, bin ich vielleicht der schuldige Teil?
MANN:	Na wer denn, hab' ich die Supp'n kocht?
FRAU:	Eine kochende Suppe ist immer heiss.
MANN:	Ja vielleicht kochst Du's zu lang!
FRAU:	Zu lang? Nein, nein, morg'n häng' i an Thermometer in Suppentopf nei, damit der Herr Gemahl a richtig temperierte Supp'n bekommt.
MANN:	Eine gute Köchin braucht kein' Thermometer zum Supp'n kochen.
FRAU:	Ja ja, nun kommt die spöttische Seite, so geht's ja jeden Tag, zuerst nörgelt er und dann kommt der Spott auch noch dazu.
MANN:	Was heisst nörgeln, ich habe doch als Mann das Recht zu sagen, die Suppe ist mir zu heiss.
FRAU:	Jetzt fangt er wieder mit der heissen Supp'n an; es ist wirklich zum verzweifeln.
MANN:	Du brauchst nicht zu verzweifeln, Du sollst die Suppe so auf den Tisch stellen, wie sie sein soll, nicht zu kalt und nicht zu heiss.
FRAU:	Aber jetzt ist sie doch nicht mehr zu heiss!
MANN:	Jetzt nicht mehr, aber wie Du sie hereingetragen hast, war sie zu heiss.
FRAU:	Schau, schau, er hört nicht mehr auf, er bohrt immer wieder in dasselbe Loch hinein.
MANN:	Wieso, was soll denn das heissen?
FRAU:	Weil Du immer wieder mit der heissen Supp'n daherkommst.

MANN:	Du bist doch mit der heissen Supp'n hereingekommen, nicht ich, Du drehst ja den Stiel um.
FRAU:	Du bist und bleibst ein Streithammel *(Zwischenreden: Du – nein Du!)* – – Horch – – *(3 mal schnüffeln)* – Was riecht denn da so komisch?
MANN:	Ich hör' auch was – – da brandelt was –
FRAU:	Hast vielleicht wieder eine brennende Zigarette auf den Teppich geworfen?
MANN:	Ich hab' ja heute noch nicht geraucht und wenn ich geraucht hätt', dann hätt' ich die Zigarette nicht auf den Teppich, sondern in den Aschenbecher geworfen.
FRAU:	Ich hab's ja auch nicht behauptet, ich hab' ja nur gemeint, und meinen werd' ich noch dürfen. Um Gotteswillen, der Rauch kommt ja aus dem Gang!
MANN:	No, so geh halt naus und schau, was los ist.
FRAU:	Mein Gott! – Die ganze Küche ist voll Rauch – *(macht Ofentüre auf)* Jessas, der Has' ist verbrannt!
MANN:	Ja ja, bei uns muss ja immer was los sein!
FRAU:	So! – *(kommt aus der Küche auf den Mann zu und zeigt ihm den Braten)* Da schau her, da schau her, da haben wir jetzt die Bescherung! Mit Deiner ewigen Streiterei ist unser ganzes Essen verbrannt.
MANN:	So Mahlzeit! – Und drinnen waltet die tüchtige Hausfrau!
FRAU:	Wer ist denn schuld? Du! Mit Deinem ewigen Streiten und Nörgeln!
MANN:	Ich habe nicht gestritten und genörgelt, ich hab' ja nur gesagt, dass die Suppe zu heiss ist!
FRAU:	Jetzt fangt er wieder an mit der heissen Supp'n, ich lauf noch auf und davon!
MANN:	Auf brauchst gar nicht laufen, nur davon! – Genügt mir vollständig!

FRAU:	Mit lauter Streiten hab' ich ganz drauf vergessen und der arme arme Has' ist jetzt im glühenden Ofen- rohr jämmerlich verbrannt. – – Essen kannst'n nim- mer!
MANN:	Das glaub' ich! Aber dem Tierschutzverein werd' ich's melden!

„Meine Oma hat trotz aller gelegentlichen Streitigkeiten meinem Opa niemals ernsthaft bös sein können", erzählt Anneliese Kühn. „Des Öfteren hat sie gesagt: ‚Jung wenn ich nochmals wär, ich tät nur wieder den Papa heiraten.' Und so hat sie es auch geduldig hinge- nommen, im Schatten von Liesl Karlstadt zu stehen, die als Bühnen- partnerin – und wohl nicht nur als solche – meinem Opa sehr viel be- deutet hat."

Trinken wir lieber Wein oder Wasser?

Oder bleiben wir doch besser beim bayerischen Bier?

Gern hätte Valentin zu Weihnachten auch Wein getrunken. Ihm wäre ein Wein aus den bayerischen Alpen am liebsten gewesen. Warum? Das erklärte er folgendermaßen:

„Weihnachten hat, wie jeder schon aus dem Wort heraushört, mit Wein zu tun. Es wäre schön, wenn wir an Wein-Nachten oberbayerischen Wein hätten. Leider wächst bei uns in den Alpen kein Wein! Berge hätten wir genügend, aber keine Weinberge – nur Schneeberge.

Wenn man nun diesen Schnee, der auf unsern Bergen liegt, in Flaschen abfüllen würde und lagern täte, entstünde daraus Wasser, welches wir in gewaltigen Mengen zu unserem Bier benötigen. Genau so, wie der Rheinländer aus seinen Weinbergen Nutzen zieht, genau so ziehen wir Bayern aus unseren Schneebergen Nutzen. Wir haben auch noch das Recht, auf unsern Bergen Schi zu fahren, was auf einem Weinberg unmöglich wäre.

Ich hätte nun eine gute Idee: Wir müssten den Schnee auf den Bergen wegräumen und dafür Wein pflanzen. Aber, ich glaube, es hätte doch keinen Sinn, dies zu tun, denn setzen wir den Fall, es wäre gerade Weinernte und es würde circa acht Tage lang schneien, sodass der Schnee meterhoch tief auf den Bergen läge, so müssten sich die Erntearbeiter sofort auf Schneeräumer umstellen und den Schnee aus den Weintraubenreben heraus schaufeln. Dass aber durch die schweren eisernen Schneeschaufeln Millionen von Trauben ruiniert werden würden, liegt klar auf dem Fuß, vielmehr auf der Hand. Man sieht hieraus ganz deutlich, dass man auch da und hie keine gute Idee haben kann.

Den Schnee auf den Bergen zu entfernen, hätte auch noch andere Nachteile, z. B.: Die Berge liegen meterhoch voll Schnee; plötzlich scheint die Sonne – es wird warm. Der Schnee schmilzt zu flüssigem

Wasser und läuft von den Bergen herunter in die Gebirgsbäche. In denselben gibt es Fische. Diese dienen als Nahrungsmittel für die Menschen. Wenn wir nun, nach meiner oben erwähnten Idee, den ganzen Schnee von unsern bayerischen Bergen wegräumen würden, gäbe es keine Gebirgsbäche. Hätten wir nun keine Gebirgsbäche, gäb es auch in denselben keine Fische. Und auch die Teller blieben fisch-leer.

Wenn wir aber fast keinen Schnee auf den Bergen haben, dann könn-te man vielleicht doch Wein pflanzen! Leider ginge uns auf diese Wei-se, wie schon erwähnt, das Wasser verloren, das wir für unser Bier benötigen.

Es stehen nun die Fragen offen: Sollen wir den Schnee auf unsern bayrischen Bergen liegen lassen oder wegräumen? Fahren wir lieber Ski oder essen wir lieber Fisch? Trinken wir lieber Wein oder Wasser oder bleiben wir doch besser beim bayerischen Bier?

Dazu müssen wir irgendwann einmal Stellung nehmen, bevor es zu spät ist."

Pfarrer Kneipps Wühlhubertee, Stärke III

Ein einwandfreies Mittel

Für alle jene, die an Weihnachten zu sehr den leiblichen Genüssen zusprechen und die in der Folge mit entsprechenden Problemen zu kämpfen haben, empfiehlt Karl Valentin ein schnell wirkendes probates Mittel, das in seiner Familie erstaunliche gemeinschaftsfördernde Aktionen auslöste. Valentin beschrieb dies in seinen Jugenderinnerungen so:

Auch Karl Valentin schätzt Pfarrer Kneipps Wühlhubertee.

„Wenn mein Vater Verstopfung hatte, wurde Pfarrer Kneipps Wühlhubertee, Stärke III geholt. Es ist das Bitterste vom Bittersten. Bittere Mandeln sind einfach Sacharin dagegen. Mein Erzeuger dachte sich, Übel muss eben Übel vertreiben. Mit Todesverachtung nahm er einen Schluck. Er brachte ihn auch hinunter. Aber eine Minute später spie er bereits wie ein Gerberhund alles auf den Fußboden, was er bei der letzten Mahlzeit zu sich genommen hatte. Das ungewohnte Geräusch lockte mich an. Ich musste doch sehen, was Vater zugestoßen war. Aber angesichts dieser Bescherung spie ich ebenfalls unverzüglich wie ein Reiher. Das wiederum rief meine Mutter auf den Plan. Sie eilte besorgt herbei, konnte aber ihrem Schicksal ebenso wenig entgehen, wie wir beiden Männer. Zuletzt erschien die Magd auf der Bild- oder besser gesagt auf der Speifläche und entrichtete ohne Zögern, aber offenbar ebenso unfreiwillig, wie ihre Vorgänger, den gleichen Tribut an Kneipps wahrhaft unfehlbares Mittel. Ein solches Speien im Quartett habe ich seitdem nicht wieder erlebt."

Nach solchen Erlebnissen begann auch im Hause Valentin die Nachweihnachtszeit mit Erholung vom Feiern und mit Umtauschaktionen. Und natürlich schrieb Valentin auch einen Dialog über das Umtauschen von Weihnachtsgeschenken mit dem Titel „Mir liegt's auf der Zunge".

„Mir liegt's auf der Zunge …"

Vom Geschenkeumtauschen

FRAU KURZ: Ja, guten Tag, Herr Lang! – Auch Einkaufen in der Stadt herin?

HERR LANG: Nein, Frau Kurz, nicht kaufen, sondern umtauschen will ich etwas.

FRAU KURZ: So so, umtauschen! – Was denn?

HERR LANG: Meine Frau hat mir zum zerflossenen Weihnachten so einen Dings gekauft – – einen – – no, wie sagt man denn gleich, einen – – mein Gott, bin ich vergesslich! – – Was hab ich jetzt grad g'sagt?

FRAU KURZ: Dass Sie so vergesslich sind.

HERR LANG: Ja, ja, stimmt, das hab' ich schon wieder vergessen. Ja, meine Frau hat mir zum vergossenen – verschlossenen – ah verflossenen Christkind ein schönes Präsident gemacht.

FRAU KURZ: Präsent meinen Sie!

HERR LANG: Ja, ja! – – Einen wunderschönen – – no, wie heisst man denn dös gleich, was ich bekommen hab!

FRAU KURZ: Einen Regenschirm?

HERR LANG: Ach Regenschirm – am Weihnachtstag hat es doch voriges Jahr nicht geregnet! – Nein, so einen Dings hat mir meine Frau gekauft, so einen – –

FRAU KURZ: Strohhut?

HERR LANG: Geh – auf Weihnachten! – – Was war's denn nur, was mir meine Frau gekauft hat!?

FRAU KURZ: Ein Kind?

HERR LANG: Geh, Frau Kurz – a Kind braucht mir doch meine Frau nicht kaufen, dös können wir uns doch selber – machen's doch keine so dummen Witz, – a Kind könnt i doch auch net umtauschen.

FRAU KURZ: Was wollen's denn eigentlich umtauschen?

HERR LANG: Wenn's mir net einfallt, wie's heisst. Und wenn ich's wüsste, könnt' ich's auch net umtauschen.

FRAU KURZ: Warum nicht?

HERR LANG: Weil ich's zu Hause liegen lassen hab.

FRAU KURZ: Was haben S' zu Haus liegen lassen?

HERR LANG: Eben das, was ich momentan nicht nennen kann! – Mir liegt's auf der Zunge – man braucht so Platten dazu.

FRAU KURZ: Ach – einen Grammophon!

HERR LANG: Ach was, a Grammophon ist ja ein Musikinstrument und ist doch nicht alltäglich; das, was ich von meiner Frau kriegt hab, ist ja alltäglich und fast viereckig.

FRAU KURZ: Viereckig? – A Packl Kunsthonig?

HERR LANG: Geh, reden S' doch keinen Mist, – hat denn a Kunsthonig 3 Füss'?

FRAU KURZ: Was, 3 Füss hat er? – Zwei wird er halt hab'n!

HERR LANG: Mit zwei fällt er doch um.

FRAU KURZ: Ja, Sie fallen doch auch net um und hab'n bloss 2 Füss.

HERR LANG: Ja, i – – i bin ja a koa Photographenapparat – Photographenapparat – jetzt is mir's eing'fallen! – An Photo-Apparat hab i zum Christkindl kriegt. – Ja, Frau Kurz, denken Sie sich, einen Photoapparat hat mir meine Frau zum Weihnachtsfest g'schenkt.

FRAU KURZ: Und hab'n Sie schon fleissig photographiert?

HERR LANG: Fleissig schon – aber ich bring nichts fertig. Photographieren ist furchtbar schwer, photographiert werden ist sehr leicht. 100 Mal hab' ich mich selbst schon photographieren wollen!

FRAU KURZ: Sie sich selbst? Ja, wie machen Sie denn das?

HERR LANG: Sehr einfach! Ich stell mich vor unsern Spiegelschrank – aber immer kommt der Apparat mit aufs Bild – da hab ich mich schon was geärgert! Seit Weihnachten apparate ich – photographiere ich mit dem Apparat, – kein Bild ist mir noch gelungen!

*Valentin war
selbst ein begeisterter
Fotograf.*
(Archiv Anneliese Kühn)

FRAU KURZ: Das ist gelungen!

HERR LANG: Nein, ist mir noch nicht gelungen! Ich glaub, das liegt an der Witterung. Frau Kurz, vor kurzem hab ich eine schöne Naturaufnahme gemacht: die Mittagssonne. Ich habe 10 Sekunden belichtet und gar nix war auf der Platte drauf, nicht einmal der Mond.

FRAU KURZ: Sie müssten Landschaften photographieren!

HERR LANG: Hab ich auch schon probiert. Bin ich eigens bis nach da und da hin gefahren und hab einen waagrecht-da-liegenden See photographiert – – nix war's! Hab ich bei der Aufnahme vergessen, dass ich den kleinen run-den Deckel von dem Obelisk – nicht Obelisk – ah, no wie heißt denn das kleine runde Vergrößerungsglas vorn – Erbse – Linse – , nein, mit O geht's an! …

FRAU KURZ: Oktoberfest …

HERR LANG: Schmarrn! Am Photoapparat kann doch net vorn ein Oktoberfest sein!

FRAU KURZ: Ah – das Objekhoch!

HERR LANG: Nein – Objektiv heißt's! – –

FRAU KURZ: Haben Sie eigentlich eine Dunkelkammer auch?

HERR LANG: Selbstverständlich! Unsere Toilette hab ich als Dunkelkammer eingerichtet. Da stinkt's oft drin von diesen Chemikalien, Entwickler etc. etc. – Eine rote Laterne hab ich auch drin; eing'richt' bin ich wie eine Hebamme.

FRAU KURZ: Wie wär's, Herr Lang, wenn Sie amal ein schönes Familienbild machen würden? Ich, mein Mann und mein Kind?

HERR LANG: Um Gotteswillen! Nein! Nie mehr! Hab ich schon mal gemacht – die Familie Wubbeppler in unserm Haus – die ganze Familie – Personen und 's Dienstmädchen – alle haben's ihr Sonntagsgwand anzog'n. Im Hof drunt hab ich alle in verschiedenen Stellungen photographiert, sitzend, stehend, von der Seiten usw. Ich hab 's Platten wechseln vergessen – alle Aufnahmen auf einer Platte! – Ich hab einen Abzug davon g'macht, es war schrecklich!

Der Vater hängt in der Mutter drin – der Sohn sitzt dem Wickelkind im G'sicht drinna – die Grossmutter hat den Kopf vom Dienstmadl auf – d' Füass vom Dienstmädchen hat der älteste Sohn auf'm Arm lieg'n – die kleine Else hat drei Nasen im Gsicht und der Grossvater hat Kindsfüass!!! —

Schlitten-, Ski- und Schwankeisfahren
Allerlei Winterfreuden

Die Zeit um Weihnachten und Neujahr war vor allem für die Kinder und ganz besonders für die frechen Auer Lausbuben eine wunderbare Zeit und so natürlich auch für Karl Valentin. Nach den Festtagen war der Bewegungsdrang groß und deshalb tobte er mit seinen Kameraden im Freien herum, wie er dies in seinen Jugenderinnerungen lebhaft zu schildern versteht.

„Das Schönste im Winter war immer das Schlittenfahren am Isarberg. Von vier Uhr nachmittags an […] bis zum Eintritt der Dunkelheit wurde gerodelt, die besseren Buben hatten Schlitten, die ärmeren nahmen gleich den Schulranzen.

Der Berg war ziemlich lang und steil und es gab natürlich fortwährend Carambolagen und nicht selten Verunglückte. Mit Kleinem fängt man an und mit Großem hört man auf. Ich holte mit noch einem ganzen Haufen Buben aus unserem Lagerplatz einen riesigen Pferdeschlitten. Mit großer Mühe und letzter Kraftanstrengung wurde der schwere Koloss auf den Berg gezogen. Im Nu war er von zwanzig oder dreißig Buben besetzt, aber die Abfahrt ging nicht so leicht. Wer sollte uns über die Bergkante schieben? Wir konnten es doch nicht selbst, denn wir saßen ja alle auf dem Schlitten. Die Situation wurde sofort von den vorübergehenden Erwachsenen erfasst und einige starke Männer schoben den vollbesetzten Schlitten über die Bergkrempe hinaus, aber schief!

Der Schlitten überschlug sich ein paar Mal! Und dann war wieder einmal ein Wunder geschehen, dass es keinen von uns dapatzt hatte. Das Experiment wurde sofort wiederholt. Diesmal ging es richtig den Berg hinunter, aber leider zu weit: der Schlitten machte, unten angekommen, an einem kleinen Hügel einen Sprung, als ob er von einer Skischanze spränge, und wir saßen bis über die Knie im Eiswasser. Wenn auch einer von uns am anderen Tag krank wurde, so bedeutete das kein Unglück, denn dann brauchte er nicht in die gräusliche Schule zu gehen, das war ja noch schöner, als das Schlittenfahren, wenigstens für mich. Ich hätte jedes Schulhaus niederbrennen können!

Übrigens möchte ich hier erwähnen, dass einmal, es wird ungefähr 1892 gewesen sein, die Wagner-Weinberger Buben von ihren Verwandten aus Norwegen drei Paar Ski geschenkt bekommen hatten und sie am Isarberg ausprobierten. Wir alle haben diese ‚Latten' angezogen und sind damit hinuntergerutscht. Aber nur einige Tage lang, denn wir waren nicht im Geringsten begeistert von dieser Neuheit. Wir lehnten alle dieses fremde Zeug ab und kehrten zu unseren Rodelschlitten zurück. Ich kann mich also rühmen, außer den Weinbergerbuben einer der ersten Skifahrer in München gewesen zu sein. Bitte nachmachen!"

Valentin beim Skifahren in Geitau/Bayrischzell, um 1930
(Archiv Anneliese Kühn)

Auch als Erwachsener stand Valentin gemeinsam mit Liesl Karlstadt nochmals auf den Skiern. So verbrachte er mit ihr in den zwanziger und dreißiger Jahren im Winter (und auch im Sommer) gelegentliche Kurzurlaube in Geitau bei Bayrischzell. Dabei logierten sie im Gasthaus „Rote Wand". Die Karlstadt war mit Leni Pellkofer, der Besitzerin des Gasthofs, befreundet. Fritz Pellkofer, der zur Olympiamannschaft gehörte, begleitete die Karlstadt als Skilehrer einige Male auf die Rotwand. Auch Valentin wagte hier weitere Skifahrversuche, wie alte Fotos belegen. Als er einmal gefragt wurde, ob ihm das Skifahren gefalle, meinte der Komiker: „Ja schon, wenn mir nur die Brettl folgen täten. Sie rutschen immer weg, obwohl ich es ihnen ausdrücklich verboten hab, aber sie folgen mir nicht. Vielleicht könnt man die unfolgsamen Brettl gegen folgsame eintauschen." Grundsätzlich hielt er „Skifahren für einen Riesenblödsinn" und sah darin „koa Zukunft".

Hingegen fühlte er sich zum Eislaufen und -fahren hingezogen und erzählt dazu in seinen Erinnerungen ebenfalls etliche Episoden: „Zum Wintersport gehörte auch das Fahren auf schwimmenden Eisschollen", so notierte Valentin. „Mit einer Stange ausgerüstet stießen wir uns selbst vom Ufer los in die Isar und schwammen hinunter zur Isarlust. Hier ging es wegen der Schleusen nicht mehr weiter und wir mussten daher wieder zur Fraunhoferbrücke hinauf, uns neue Platten loslösen und wieder ging die Fahrt stromabwärts. Zerbrach einmal eine Scholle während der Fahrt, so standen wir bis über die Knie im Wasser und es gab ein Mordshallo, wenn wir dann auf das Eis eines anderen Buben hinaufstiegen, das selbstverständlich hernach wegen der doppelten Last nicht mehr schwamm, sondern mit allen beiden Fahrgästen absackte. Mit gefrorenen Hosen kamen wir abends nach Hause: ‚Mutter, i konn nix dafür, der Toni hat mi heut ins Gwasch einigstessen!' Aber die Mutter glaubte mir gar nichts mehr und auch das war mir wurst.
Einmal sind die Leute am Ufer des zugefrorenen Kleinhesseloher Sees zusammengelaufen und haben gelacht. Was gibt's denn da? Ein

Bub steht händeringend auf dem Eis, hilflos allein, die Schlittschuhe rutschen ihm immer wieder unter den Füssen weg, er purzelt wie ein Besoffener und jeder der Zuschauer denkt sich im Stillen, ‚der Bua gstellt sich schon ganz saudumm zum Schlittschuhfahren'. Dieses Theater dauerte so einige Minuten.

Plötzlich änderten sich die Gesichter der Zuschauer. Aus dem Lachen wurde ein Staunen. Denn der Bub machte plötzlich ein paar kunstvolle Schleifen, drehte sich in eine Acht und mit einem Ansprung auf den Spitzen der Schlittschuhe sauste er im Renntempo über den See und entschwand den Blicken des enttäuschten Publikums, das mitten im Winter einem Aprilscherz zum Opfer gefallen war. Die Adresse des Aprilscherzfabrikanten war: Valentin Fey, Entenbachstrasse 63/I.

Der zünftigste Sport aber war das sogenannte ‚Schwankeisfahren'. Diese Gaudi hängt natürlich vom Wetter ab und ist daher nur ganz selten möglich. Wenn nach starker Kälte plötzlich der Föhn kommt, so wird die Eisdecke in zwei bis drei Tagen sehr dünn und da gibt es dann manchmal, aber nur an ganz tiefen Stellen eines Sees, ein Schwankeis.

Dazu müssen die Schlittschuhfahrer stundenlang, immer im Gänsemarsch aneinanderhängend, die gleiche Stelle passieren, bis das Eis bröckelt, sozusagen weich wird und ‚schwimmt'. An der ‚tiefen Gumpe', unterhalb des Muffatwehrs, entstehen oft interessante Schwankeise und an Sonntagen war der Muffatwehrsteg voll von Zuschauern, wenn wir Buben über die Eiswellen huschten. Wird die Eisdecke wässerig, so ist das ein Zeichen der Gefahr und es dürfen über das Schwankeis nur mehr einzelne Personen fahren, denn dann bekommt das Eis schon kleine Löcher und für einen normalen Fahrer ist es aus.

Aber für uns begann jetzt erst das richtige Vergnügen: ‚Wer traut sich noch umi fahrn?', hiess es. ‚Vale, lass di koan Drenza [Muttersöhnchen] hoaßn, packs nomoi, schnell gewagt, ist halb gewonnen!' Und ich sauste über die ungefähr fünfzig Meter langen gefährlichen Stellen, hinter meinen Füssen krachte und knirschte es unheimlich, meine Kameraden hinter mir drein. Gut angekommen, Applaus auf der Brücke und am anderen Ufer.

Nach einigem Besinnen meinte der Ade: ‚Gehts wega, i packs no moi!', startet, ich hinter ihm drein – ein Schrei der Buben und der Zuschauer auf der Brücke: das Schwankeis ist geplatzt! Und Ade unter der Eisdecke! Ich breche auch ein, kann mich aber noch halten, Bretter werden mir gereicht, ich bin gerettet.

Mein Kamerad Ade wurde am andern Tag als Leiche geborgen. Er liegt im Ostfriedhof begraben. Er hatte sich den Tod geholt und ich mir ein schweres Asthma, welches mir geblieben ist."

Ein solcher Unfall mit Todesfolge ging den Burschen natürlich unter die Haut. Dennoch steckte Karl Valentin selbst dieses Ereignis bald wieder weg, denn, wie er einmal so schön sagte, „ein echter Auer ist halt hart im Nehmen!"

„Aber heit is 's koid, aber heit is 's koid …"

Valentin friert

Valentin wog nach dem Krieg nach eigenen Aussagen nur mehr 98 Pfund, wahrhaftig „ein Sinnbild der Fettlosigkeit", wie er das selbst bezeichnete. Dementsprechend war er auch besonders kälteempfindlich und wurde, vor allem natürlich im Winter, häufig von Erkältungen heimgesucht. Das bekannte Lied der Schäffler: „Aber heit is 's koid, aber heit is 's koid, aber heit is 's sakramentisch koit …" sang auch Karl Valentin, wie sich seine Enkelin Anneliese Kühn erinnerte, wenn ihm die Kälte wieder einmal in seine dürren Knochen fuhr.

Zeichnung des 12-jährigen Karl Valentin: Ihrem frösteln-
den Buben auf dem Dach reicht die liebe Mutter eine Tasse
mit heißem Tee. (Archiv Anneliese Kühn)

97

In dem Dialog „Geht in die Wälder – holt euch Holz!" unterhält sich Valentin mit seinem Bekannten:

BEKANNTER: Was machst Du im kommenden Winter?

VALENTIN: Ich friere.

BEKANNTER: Wieso? Hast Du keinen Ofen im Zimmer?

VALENTIN: Ofen schon, aber nur 2 Ster Holz.

BEKANNTER: Na also, dann hast Du ja Holz zum Einheizen.

VALENTIN: Schon, aber wenn ich das Holz einheize, dann verbrennt es – mit was soll ich dann einheizen?

BEKANNTER: Ja mit Holz.

VALENTIN: Ich sag Dir doch, das Holz heiz ich nicht ein, das spar ich mir für den nächsten Winter.

BEKANNTER: Aber den nächsten Winter musst Du doch auch heizen.

VALENTIN: Ja, aber nur wenn's kalt ist.

BEKANNTER: Unsinn! Im Winter ist es doch kalt.

VALENTIN: Aber nur im Freien, aber doch nicht in den Wohnungen.

BEKANNTER: Wenn Du in der Wohnung nicht heizt, ist es doch auch kalt.

VALENTIN: Schon, aber nur wenn man nicht einheizt.

BEKANNTER: Du sagst doch, dass Du nicht einheizen willst, weil Du das Holz bis nächsten Winter aufsparen willst.

VALENTIN: Ja, nur dann, wenn ich im nächsten Winter kein Holz bekomme.

Auch in anderen Texten kreisen Valentins Gedanken um dieses Thema, das ihn vor allem in der Winterzeit von Dezember bis Anfang März beschäftigt hat.

Nach dem Zweiten Weltkrieg, im Februar 1946, schrieb er in seinem kalten Häuschen in Planegg an den Münchner Oberbürgermeister Scharnagl einen Bettelbrief und bat ihn dringend um Zuteilung von

Kohlen. Scharnagl antwortete: „Ihre Erwärmungswünsche habe ich zur Kenntnis genommen. Leider haben Sie sich aus meinem Amtsbereich verflüchtigt und meine Macht reicht nicht auf diese kilometerweite Entfernung bis Planegg. Dagegen hab ich gewisse Beziehungen – und wer hat die heute nicht –, die ich bei der Gemeindeverwaltung Planegg zu Ihren Gunsten einsetze. Ich hoffe, dass diese Beziehungen etwas bezwecken."

Doch Scharnagls Beziehungen bewirkten nichts. Valentin wurde von der Planegger Gemeinde wie jeder andere Bürger behandelt und bekam keine Kohlen-Sonderzuwendung. Da veranlasste Scharnagl über das Wirtschaftsamt München-Land eine Sonderzuteilung für Valentin. Dem wurde es daraufhin gleich wärmer um seine Knochen und ums Herz und er sandte das folgende Gedicht an die edlen Spender:

> Mir wurden II Zentner Kohlen spendiert;
> Die Zeit ist vorbei, in welcher mich friert.
> Aber, was mach ich im Sommer? Wenn die Witterung heiss?
> Das ist unerträglich, – man transpiriert Schweiss.
> Vor Kälte erfrieren, vor Hitze verschmachten
> Sind Gegenteilspole, die sind zu beachten!
> Drum bitt' ich im Sommer um 10 Zentner Eis
> O, glücklich der Mensch, der zu helfen sich weiss.
> Ihre Hilfe tat wohl – sie hat Zweck und hat Sinn;
> Ich danke ergebenst!
>
> Karl Valentin

Die Themen „Kälte", „Frieren", „Wärme" und die zunehmende Kohlennot beschäftigten Valentin bis zum Lebensende. Noch in seinem letzten Couplet „Mein München" von 1947 ließ er sie anklingen, wenn es heißt:

> Ja, bei uns ists mies,
> Das wiß ma ganz gwiß
> Und dann erst, pfüat di Gott

*»Liaba a Hitzschlag
wia dafriern!«*

Dazu die Kohlennot.
Da jammert Groß und Klein
Wie teiln ma denn dös ein?
Mir habm ja nix zum Schürn
Da müß ma ja dafriern

Als Gegenmittel fiel Valentin nichts anderes ein, als sich selbst und
andere aufzufordern, das Tanzbein zu schwingen:

In München, beim Tanzen,
da wirds oan bacherlwarm.
Da spürst nix von a Kohlennot,
hast d' Flamme glei im Arm!
Trotz Hunger, Not und Elend
tun mia zum Tanzen gehn,
Drum sage ich, o glaubt es mir,
in München ist's doch schön!

Am Heiligen Abend im Bett

Valentins letztes unfröhliches Weihnachtsfest 1947

Gleich nach Kriegsende hätte Valentin im Alter von dreiundsechzig Jahren noch einmal neu anfangen wollen. Er wollte wieder auf der Bühne auftreten, Filme machen, Schallplatten aufnehmen, im Rundfunk seine Stücke aufführen. Ja, er wollte – aber die anderen nicht. Nichts klappte. In den ihm noch verbleibenden drei Lebensjahren erhielt er eine Absage nach der anderen und verfiel in immer tiefere Depressionen. Als es einem Freund im Rundfunk gelang, doch einige seiner alten Platten zu spielen, kamen aus der bayerischen Bevölkerung zuhauf Protestbriefe: „[…] Aufhören mit dem Schmarrn – schickts den Deppen hoam – wir wollen in dieser Zeit was wirklich Lustigs. […]" Als Valentin davon erfuhr, weinte er vor Trauer und Wut. Verbittert schrieb er in einem Brief an den Kiem Pauli: „Ich habe meine lieben Bayern und speziell meine lieben Münchner genau kennen gelernt. Alle anderen, mit Ausnahme der Eskimos und Indianer haben mehr Interesse an mir als meine ‚Landsleute' […]. Dem Menschen kann man's nicht verübeln, wenn er von seinen Landsleuten nix mehr wissen will." „Und deshalb will ich meinen Nachlass", so betonte er, „lieber Sachsen, Württemberg oder Norddeutschland testamentarisch zum Geschenk machen, unter keinen Umständen aber meinem geliebten Heimatland Bayern und am allerwenigsten meiner Vaterstadt München."
Sein Wunsch ging in Erfüllung, sein Nachlass wanderte nach seinem Tod nach Köln, weil die Stadt München dafür keine lumpigen 10 000 Mark locker machen wollte.

Gnädigerweise wurden Valentin für Radio München noch zwei Rundfunksendungen ermöglicht. Doch sie blieben ohne Resonanz und wurden schnell wieder abgesetzt. Ein Versuch Valentins dagegen beim Sender zu protestieren, hatte keinen Erfolg. „Er kam überraschend schnell zurück", erinnerte sich seine Tochter Bertl, „und sein

Gesichtsausdruck verriet uns alles. ‚Nix war's. I bin nimmer komisch – hams g'sagt.' Dann ging er, verlegen lächelnd, in seine Werkstatt zum Scherenschleifen. [...] Auf einem Manuskript, das er an den Rundfunk schickte, befand sich der Nachsatz: ‚Bitte Empfang bestätigen und gleichzeitig die Ablehnung.'"

Im Dezember 1947 erkrankte Valentin an einer „schweren, fieberhaften Bronchitis", wie er selbst notierte. „Das ständige Pendeln zwischen Planegg, den zugigen Nachtlokalen der Reichsmark-Zeit und seinem schlecht geheizten Notquartier in München", urteilte der Fotograf Karl Kurt Wolter, „unterhöhlte seine angegriffene Konstitution. Da half auch sein gewohntes Inhalieren von Menthol nichts mehr. Er legte sich mit einer fiebrigen Erkältung zu Bett." Als Wolter Valentin in dieser Zeit fotografierte, meinte der Komiker: „Sie habn ja gar koa Ahnung net, wia krank i bin. Zoang S' des Bild de Leit, dass s'as glaubn."

Dennoch trat er um den 16. Dezember bei einer Weihnachtsfeier in der Großfärberei und Wäscherei Arnold in der Münchner Straße in Pasing auf, wo ihm ein zugiger Hausgang als Garderobe zur Verfügung gestellt wurde. Wenige Tage später hatte er einen Rückfall und musste erneut das Bett hüten.

Am 22. Dezember 1947, weniger als zwei Monate vor seinem Tod, erhielt Liesl Karlstadt, zu der Valentin nach mehrjähriger Trennung wieder Kontakt aufgenommen hatte, den letzten Weihnachtsbrief. Wegen der von Hunger und Not gekennzeichneten Nachkriegszeit und auch infolge seiner Erkrankung haperte es mit Geschenken.
„Liebe Liesi,
Leider bin ich wieder krank und konnte mich nicht den Weihnachts-Vorbereitungen widmen. [...] Außer einigen Dosen Malz habe ich heuer gar nichts für Dich – aber das schönste Geschenk ist doch, dass mir die letzte Zeit wieder so schön zusammen gespielt haben, und wenn Gott es will wieder weiter spielen werden, verlernt haben mir nichts, das hat sich gezeigt."

Trotz seines maroden Zustands schien Valentin seinen Humor noch nicht ganz verloren zu haben, wie aus einem Brief hervorgeht, den er am Heiligen Abend, an eine Kabarettbesucherin, ein „liebes Frl. St." sandte. Darin entschuldigte er sich für die schlechte Schrift mit den Worten: „Brief im Bett geschrieben, bin seit 8 Tagen krank, habe nur eine leichte Eierstockverenkung", so scherzte er. In Wahrheit handelte es sich jedoch um den Rückfall, von dem er sich nicht mehr erholen sollte.

Am selben 24. Dezember erschien auch ein Leserbrief von ihm in der Süddeutschen Zeitung, in dem er darüber klagte, dass er und die Liesl Karlstadt vom Publikum vergessen seien. „Leider haben wir versagt", gestand er darin, „deppert daher reden, wie wir das 35 Jahre lang gemacht haben, dürfen wir nicht mehr – bleibt nix anderes mehr übrig – als ganz stad sein."

„Es hat genug gekracht!"

Prosit Neujahr!

Zum Weihnachtsfestkreis gehört natürlich auch Silvester und Neujahr. 1938, als sich Valentin zur Silvesterfeier im Kabarett Bonbonière aufhielt, erkundigte sich ein Gast kurz nach dem Jahreswechsel bei ihm: „Sie, bittschön, wie spät ist es jetzt?" Valentin sah auf die Uhr und sagte dann: „10 Minuten über 1938."

1939 begann der Zweite Weltkrieg, der im Mai 1945 im totalen Chaos endete. Am 31. Dezember 1945 – seit einem halben Jahr herrschte wieder Frieden, doch überall auch Not und Armut – schrieb Karl Valentin folgenden Beitrag:

„Prosit Neujahr! – da läuft mir gleich die Leber über, wenn i dös schon hör. – Eigentlich soll einem ja die Galle überlaufen, aber Galle haben wir keine mehr. Die Galle ist schon seit 1939 so oft übergelaufen, dass wir gar keine mehr haben. Alles Gute zum Neuen Jahr! Das haben die Leut sich jedes Jahr gewunschen, und was aus dieser Wünscherei geworden ist, das haben wir ja gesehen! Die Reichen werfen in der Sylvesternacht um zwölf Uhr ihre leeren Sektgläser an die Wand, denn ‚Scherben bedeuten ja Glück' … danach müssten wir jetzt in Glück strahlen, denn wir haben ja nun genug Scherben gehabt, – in München und in ganz Deutschland!

Manche Familien tun in der Sylvesternacht Bleigiessen und haben aus dem gegossenen Bleiklumpen lauter Glück ersehen. Und weil es anders gekommen ist, haben jetzt diese Bleigiesser die Ausrede, es ist halt a schlechts Blei gewesen.

Das Neujahranschiessen ist derselbe Unfug und gehört ganz ausgerottet. Nach meiner Ansicht ist es auch vollkommen überflüssig, denn ich glaube, es hat genug gekracht bei uns. In der Sylvesternacht hat man Punsch gemacht aus Wein, Sekt, Zitronen und Orangen. Heuer können wir auch einen Punsch brauen, aus Kartoffeln und Gelberüben, wenn auch das Aroma ein anderes ist, aber saufen kann man ihn doch. In Friedenszeiten haben sich in der Sylvesternacht Jüngling und Jungfrau die Hände gereicht zum ewigen Bund und wenn sie am anderen Tag wieder nüchtern waren, haben sie den ewigen Bund sofort gelöst.

Ich habe schon oft über das Wort ‚Alter' nachgegrübelt. Ein Mensch z. B. kann verschiedene Alter haben, der eine wird nur einen Tag alt wie z. B. bei den Tieren die Eintagsfliege, der andere Mensch kann über achtzig Jahre alt werden. Nur das Jahr wird immer nur ein Jahr alt. Es beginnt am 1. Januar und am 31. Dezember ist es aus. Wenn das beim Menschen auch so wäre, gäbe es keine Erwachsenen. Wenn es keine Erwachsenen gäbe, gäbe es keine Kinder, weil die Kinder aus den Erwachsenen entstehen, es sei denn, die Geschichte mit dem Storch beruht auf Wahrheit. Dann sind natürlich die Erwachsenen – im Volksmund Eltern genannt – ebenfalls überflüssig.

Im neuen Jahr heißt's schaufeln und hoffentlich beginnt im Herbst 1946 wieder eine neue Schiesserei, aber diesmal nicht mehr von oben, sondern in den Schiessbuden, auf dem Oktoberfest, auf das sich heute jeder Münchner freut."

Silvester und Neujahr

Wenn die Raketen zischen und die Feuerräder fauchen

Ich weiß nicht, ob Sie wissen, dass Valentin von Feuer richtiggehend fasziniert war, und zwar mehr als üblich. Er, der Hypochonder, der sich permanent von Krankheiten verfolgt fühlte, war ein gestandener Pyromane, also ein Mensch mit dem krankhaften Trieb, Feuer zu legen und zugleich beim Betrachten von Bränden eine geradezu unheimliche Freude zu empfinden. Liebend gerne hätte er seine Schulen in Brand gesetzt. Für ihn gab es drei Zauberworte: „Feuer, Feuerwehr, Feuerwerk!"

„Als passionierter Pyrotechniker", so erinnerte sich Theo Riegler, „hatte Valentin an allem, was krachte, zischte und knallte, seine helle Freude", auch wenn er sich darüber im Klaren war: „Es riecht nicht alles gut was kracht!"

„Für uns Auerbuben", so notierte Valentin, „war die Feuerwehr das Höchste. Wenn in der Au am Kirchturm die Feuerglocke läutete, war alles andere Nebensache und mochten wir auch beim interessantesten Spiel sein." Mit dem Ausruf „Ah, fein!", starrte Valentin dann in die lodernden Flammen. „Der ganze Himmel stand voller Glut", wie er notierte. „Die Flammen züngelten bis in die Baaderstraße und noch weiter [...] Aber weil es eben nicht gar zu oft brannte, war ich fast entschlossen, unser eigenes Anwesen anzuzünden [...] Ich hatte schon das Streichholz zum Anzünden in der Hand. Unser Lager, worin zweihundert Zentner Stroh untergebracht waren, grenzte an das Nachbaranwesen; es hatte eine Menge Astlöcher, durch welches das Stroh heraushing. So wäre es ein Leichtes gewesen, eine Brandstiftung zu riskieren. Durch die Warnung meines Freundes ließ ich mich von diesem Vorhaben abbringen, warum weiß ich heute nicht mehr. Vielleicht hat der Geist des Trompeters von Säckingen eingegriffen. Es hat nicht sollen sein."

Da sich Valentin nicht allzu oft an großen Bränden erfreuen konnte, kompensierte er seine pyromanische Veranlagung beim Entzünden und Betrachten von Feuerwerken, von denen er ebenso fasziniert war. In seinen Jugenderinnerungen berichtet er von dieser Leidenschaft, wenn er schreibt:

„Auch wenn es galt, in einer schönen Sommernacht irgendwo ein Feuerwerk abzubrennen – sei es im Bürgerbräu auf der Theresienwiese, in der Isarlust im Herzogpark, im Volksgarten Nymphenburg oder im Schleibinger-Keller an der Rosenheimerstrasse, so waren wir Buben schon am Nachmittag zur Stelle und schauten den Pyrotechnikern zu, wie sie die Wiese pflanzten. Und wenn dann am Abend die Raketen zischten, die Feuerräder fauchten, die Bomben in der Luft platzten, da waren wir das lauteste Publikum auf den eintrittsfreien Plätzen, irgendwo auf einer Holzplanke. Einmal war ich so begeistert davon, dass ich mir in einer Buchhandlung in der Theatinerstraße das Buch ‚Die Kunstfeuerwerkerei' kaufte und anfing zu Hause Feuerwerk zu machen. Da wurden Pulver gekauft, Papierrollen geleimt und Chemikalien zusammengerichtet, alles nach Rezept. Manche gingen schon während der Fabrikation los; wunderbarerweise immer ohne Unglück."

Für seine Feuerwerkskörper zermahlte Valentin Böllerpulver in einem Messingmörser. Erst später erfuhr er aus dem erwähnten Buch, dass durch die Reibung „Metall auf Metall" sich das Pulver hätte leicht entzünden und explodieren können.

Das von Valentin erwähnte Buch über „Die moderne Kunstfeuerwerkerei" enthielt tatsächlich alles Wissenswerte über zu verwendende Chemikalien, über die Zubereitung der Feuerwerkssätze und über pyrotechnische Artikel. Außerdem fand sich darin eine Anweisung, wie man ein komplettes Feuerwerk herstellen und effektvoll abbrennen kann.

Auch als Erwachsenem blieb Valentin seine Begeisterung für die Feuerwerkerei erhalten. „Eines Tages", notierte Valentins Bekannter Willi Schaeffers, „holte er [Valentin] mich nachts um drei aus dem Bett. Mit dem Auto, das vollbepackt mit Feuerwerk war, eine seiner Lieblingsbeschäftigungen, fuhr er mit mir nach Solln hinaus. Dort brannte er auf offenem Feld eine Viertelstunde lang seine Sonnen und Frösche ab mit Donnerschlägen, die, wie er hoffte, den Weiß Ferdl, der in Solln sein Haus hatte, aus dem Schlaf wecken sollten."

Auch der Schauspieler O. E. Hasse berichtet davon, dass er Valentin mehrfach nachts von dessen Wohnung abholte. Bei solchen Aktionen kam Valentin „mit einem Bündel Raketen herunter, und dann ging's zur Bürgermeisterinsel oder zu den Isarwiesen. Wir steckten die Zündschnur an, liefen eilig zum Wagen zurück, und fuhren ein Stück weiter. Und wenn wir dann aus der Entfernung die Feuergarben sprühen sahen, klatschte er in die Hände und jauchzte wie ein Kind."

Und von Valentins fünfzigstem Geburtstag berichtet Willy Schaeffers ein geradezu unglaubliches Bubenstück. Valentin sei beim Essen die Gabel heruntergefallen. „Die Zenzi, die Bedienerin, bückte sich zur gleichen Zeit mit ihm, um sie aufzuheben.

Plötzlich hörte man ein fürchterliches Knattern unter der Zenzi ihrem Rock. Schreckensgeheul der Zenzi erfüllte die Luft. – Was war geschehen? Valentin hatte der Zenzi in ihren großen Trachtenrock lauter Knallfrösche eingenäht und als er sich nach der Gabel bückte, die Zündschnur in aller Seelenruhe angesteckt, es gab eine Gaudi sondergleichen."

In ähnlicher Weise steckte er einem Grafen Gubitscheky, der sich oft in einer Auer Wirtschaft betrank, heimlich entzündete Feuerwerksfrösche in die Tasche oder warf „ihm dieselben unter die Füße und wenn das Teufelszeug explodierte und der Gubitscheky vor Schreck wie ein wilder Geißbock umherhüpfte, dann hielten wir uns den Bauch vor Lachen."

Natürlich schrieb Valentin zu Ehren des Feuerwerks auch ein eigenes Stück, das „Brillantfeuerwerk". Und in seinem Monolog „Der Feuerwehrtrompeter" hat der von Valentin verkörperte Trompeter nur eine Aufgabe: Er muss mit seiner Trompete das Signal zum Löschen geben, aber selbst löschen, das darf er nicht. Als aus einem brennenden Haus eine Frau herausstürzt und ihn anfleht: „Bitt' schön, Herr Feuerwehrmann, holen Sie mir mein kleines Kind herunter vom 5. Stock, das liegt in der Wieg'n drinnen und muss sonst verbrennen", da erklärt ihr Valentin in aller Seelenruhe: „Liebe Frau, das geht mich nichts an, das müssen Sie dem Feuerwehrmann sagen, ich bin der Trompeter; aber dass Sie sehen, dass ich auch tue, was in meinen Kräften steht: blasen tu' ich Ihrem Kind schon, dass es runterkommen soll."

Gegen Kriegsende hatte Valentin ein unangenehmes Erlebnis mit Feuerwerkskörpern. Die Münchner Firma Herbst durfte 1944 ihre großen Bestände an Feuerwerkskörpern nicht mehr in München lagern, da wegen der zunehmenden Fliegerangriffe Explosionsgefahr bestand. Deshalb wurde Valentin, der von dieser Firma schon immer sein Feuerwerk bezogen hatte, gebeten, die hoch explosive Ware draußen in seinem Garten in Planegg aufzubewahren. „Ich erkundigte mich", notierte Valentin, wie solche Feuerwerkskörper vorschriftsmäßig gelagert sein müssen und habe sodann die Kisten genau nach Vorschrift gelagert." Doch das ging nicht gut, wie Valentin Anfang 1945 der Ortsgruppe Planegg meldete: „Einige Knaben aus Planegg sind in mein Anwesen vielmals eingebrochen [...] und haben die sechs Kisten so nach und nach vollständig entleert und zu ihrem Vergnügen viele Male hindurch [...] in der ganzen Umgebung – oft mitten auf der verkehrsreichen Straße, zum Schrecken der Passanten zur Explosion gebracht." Nach Ermittlung der Täter wollte die Firma Herbst von einer Anklage absehen, vorausgesetzt der Schaden von 1000 Mark würde von den Eltern beglichen werden.

So sehr Valentin von Feuerwerken begeistert war, so meinte er doch einmal: „So ein Feuerwerk ist die reinste Verschwendung. Wenn's des Geld de Leut geben tätn, dann hätten die doch was davon – oder wenn's an Leberkäs in d' Luft naufschiassn taatn – dann kunnnt'n die Leut sich die Brocken zammsuacha – dann hättn s' doch was von dem Feuerwerk!"

An Silvester entzündete Valentin deshalb kein eigenes Feuerwerk. Überhaupt hielt er den ganzen Silvestertrubel und das Krachen der Böller für baren Unfug. Und was das Feuerwerk betraf, das er sonst so sehr liebte und das er unterm Jahr auf die eine oder andere Weise heimlich genoss, war ihm das Getöse an Silvester einfach zu viel. Allenfalls riskierte er den einen oder anderen verstohlenen Blick, wenn Punkt zwölf Uhr Mitternacht rings um ihn herum die Raketen zum Himmel aufstiegen, die Feuergarben hoch oben explodierten und den Himmel in bengalisches Licht tauchten.

Valentins Silvesternacht 1947/48

Ein Auftritt nach dem Schauspieler Gert Fröbe

Eine besondere Silvesternacht war die von 1947 auf 1948. Der bekannte Schauspieler und Komiker Gert Fröbe, der diese Nacht gemeinsam mit Valentin verbrachte, erinnerte sich später daran. Es war der letzte Jahreswechsel, den Valentin erlebte. Zwei Monate später starb er.

Beide – Fröbe und Valentin – und dazu die Liesl Karlstadt hatten Ende 1947 ein Engagement im neuen „Simpl". Fröbe trat vor Valentin auf und konnte für sich einen großen Publikumserfolg verbuchen. „Als ich nassgeschwitzt von der Bühne ging", so Fröbe, „sah ich Karl Valentin mit großen erstaunten Augen in der Kulisse stehen. Neben ihm die Liesl Karlstadt, von ihm ‚das Fräulein' genannt. Valentin hatte eine Zither unterm Arm." Nach Valentins Auftritt begab sich Fröbe Schlag zwölf Uhr zur Garderobe, um mit ihm auf das neue Jahr anzustoßen. Normalerweise hasste Valentin Silvesterfeiern, wie ein Bekannter verriet: „In den letzten Minuten des Jahres geht er immer aufs Klo. Da sitzt er dann, bis sich der Vorschussjubel fürs neue Jahr gelegt hat." Bei Gert Fröbe schien er aber eine Ausnahme gemacht zu haben.

„Allein stand ich mit meiner Sektflasche und drei Gläsern vor dem Verschlag und klopfte", so notierte Fröbe. „‚Herein.' Seine verkratzte Stimme. Valentin. Da hockte er mehr als er saß auf einem Stuhl, die langen Stelzen von sich gestreckt. Er hielt eines dieser Sprühgeräte in den Mund und sprühte sich in den Rachen. Ich wusste, dass er mit seiner Stimme immer Probleme hatte. ‚Herr Walentin', sag ich, ‚es wär mir eine große Ehre, wenn …' ‚Valentin heiß ich und nicht Walentin. Sagst ja auch nicht Water, sondern Vater, oder? Nun gieß schon ein!' Wir prosteten uns zu. Unvermittelt sagte er: ‚Nach dir kann man aber auch sterben.' Ich verstand nicht gleich, sagte: ‚Ach, Herr Valentin, jetzt wollen wir nicht sterben, jetzt wollen wir erst mal leben, jetzt, wo der Scheißkrieg vorbei ist!' Er winkte ab. ‚Na, na, du verstehst mi net. I hob glei zur Liesl g'sagt, als wir'n Beifall ghört ham. ‚Du, heut sterben wir!' Ja, was machst'n du eigentlich? […] Des musst du weitermachen – du bist der richtige – i bin scho zu alt, vierundsechzig, i kann ja nimmer.' Er klopfte sich an die linke Brust. ‚I hab koa Luft mehr!' ‚Aber Herr Valentin, das kann ich nicht, ich bin doch kein Bayer!' ‚I ja aa net!' Mir verschlug es die Sprache. […] ‚Ob du ein Bayer bist, is wurscht, Hauptsach, a Narr bist, und du bist doch a Narr.' […] Ehe ich zu einer Erklärung ansetzen konnte, […] kam Theo Prosl in das Karbuff, um über Engagements zu reden. Ja, Mehrzahl! Engagements! Eines für Valentin vom ersten bis Ende Februar und eines für mich, für den ganzen März. Unfassbar!"

Tatsächlich trat Valentin vom 1. bis 12. Januar 1948 wieder im „Simpl" auf, worauf die Kritik jubelte: „Er bleibt der größte Komiker, den wir besitzen. Amerika hat Chaplin. Wir haben Valentin. […] Abend für Abend nehmen die beiden [Valentin und die Karlstadt] die Ovationen des Publikums wie eh und je entgegen. […] Hoffen wir, dass Valentin, der vorerst nur ein befristetes Gastspiel gibt, sich in den nächsten sieben Jahren öfter und ausgiebiger sehen lässt."
Der Kritiker spielt damit auf die sieben Jahre an, die Valentins Anhänger seit seinem letzten Auftritt 1941 hatten warten müssen. Doch nun wurden keine sieben Jahre mehr daraus, sondern nur noch ein knapper Monat.

Am 9. Januar 1948, einen Monat vor seinem Tod, schrieb Valentin an Karl Arnold, bei dessen Weihnachtsfeier er um den 16. Dezember aufgetreten war, in verbittertem Ton: „Trotz meiner schweren, fieberhaften Bronchitis habe ich damals mein Versprechen gehalten und habe an Ihrer Weihnachtsfeier mitgewirkt. Die denkbar ungünstigsten Garderobenverhältnisse (eiskalter, ungeheizter Hausgang) brachten mir einen Rückfall, an dem ich bis heute noch schwer zu leiden habe. Der einzige Vorteil, den ich daraus hatte, war der feste Entschluss, nie wieder in einer Privatvorstellung aufzutreten. Mein Misserfolg dieses schrecklichen Abends wird mir lange noch in Erinnerung bleiben."

Karl Valentins Porträtfoto
aus seiner Kennkarte vom
7. August 1946
(Archiv Anneliese Kühn)

Einen Monat später, am Rosenmontag, den 9. Februar 1948, starb Karl Valentin, sechsundsechzigjährig, in seinem Haus in Planegg, aber nicht allein, wie oft behauptet wird, an Unterernährung und der nicht auskurierten Erkältung, sondern weil er spürte, dass man ihn nicht mehr haben wollte. Die Enttäuschung darüber überforderten schließlich seine Kräfte.

„... ob's so wird oder so ..."

Valentins Ausspruch zum neuen Jahr

Auch Valentins Enkelin Anneliese Kühn wusste, dass sich ihr Opa beim Jahreswechsel gerne an einen stillen Ort zurückzog, vielleicht deshalb, so sagte sie, „weil er wusste, dass Neujahr letztlich doch nur das Tor ist, durch das sich Deine guten Vorsätze und Probleme vom vergangenen Jahr ins neue Jahr hinüberschmuggeln". Wie sie erzählte, war ein Lieblingsgedicht ihres Opas eines des humoristischen Dichters Wilhelm Busch. Es lautete:

> Zu Neujahr
>
> Will das Glück nach seinem Sinn
> Dir was Gutes schenken,
> Sage Dank und nimm es hin
> Ohne viel Bedenken.
>
> Jede Gabe sei begrüßt,
> Doch vor allen Dingen:
> Das, worum du dich bemühst,
> Möge dir gelingen.

Der große Aphoristiker Georg Christoph Lichtenberg äußerte über das neue Jahr einmal Folgendes: „Ich kann freilich nicht sagen, ob das Neue Jahr besser werden wird, wenn es anders wird; aber so viel kann ich sagen, es muss anders werden, wenn es gut werden soll." Valentins Ausspruch zum neuen Jahr, den er kurz vor seinem Tod von sich gab, klang bedeutend resignierter:

> Wird's neue Jahr wieder so,
> wie 's gewesen ist, ist 's recht,
> wird 's nicht mehr so, so wird 's anders,
> dann wird es schon so sein müssen,
> warum regen wir uns dann
> jetzt schon drüber auf,
> ob 's so wird
> oder so?

Bleibt mir jetzt nur noch, Ihnen, liebe Valentin-Freunde, mit diesem Spruch Karl Valentins ein frohes Weihnachtsfest zu wünschen mit vielen geruhsamen Feiertagen, danach ein rauschendes Silvester und einen guten Rutsch ins neue Jahr.

ZUGABE
Weihnachtsgeschenke aus Karl Valentins Panoptikum
Valentineskes auf dem Gabentisch

Für den Fall, dass Sie als Verehrerin oder als Verehrer Karl Valentins am Heiligen Abend gerne auch etwas Valentineskes auf den Gabentisch legen möchten, bieten Ihnen einige Exponate aus „Karl Valentins Panoptikum" vielleicht ein paar schöne Anregungen.

„Valentins Panoptikum" war bekanntlich ja das erste „Valentin Museum". Der Komiker richtete es am 21. Oktober 1934 im Keller des Hotels Wagner, Sonnenstraße 23, eigenhändig ein. Dort waren mehr als zweihundert verrückte Exponate ausgestellt, die Valentin großenteils auch selbst gefertigt hatte. Aufgebaut war es wie die um die Jahrhundertwende üblichen Panoptiken mit ihrer Mischung aus Wissenschaft, zeroplastischer Geschichtsdarstellung und Trivialitäten; dazu Wachsplastiken historischer Persönlichkeiten, naturhistorische Präparate und anatomische Abnormitäten. Solche Panoptiken waren Einrichtungen der Volksbelehrung und -belustigung. Davon fasziniert, mietete Valentin besagten Keller, sammelte beliebige Fundstücke der Alltagswelt, schuf daraus skurrile Ausstellungsstücke, baute Tableaus und errichtete seine „Katakomben der Narrheit". Jeder Gegenstand, der durch seine Finger ging, wurde verändert, entweder als Objekt oder in der Konfrontation mit der Sprache. Selbst ein bereits vorhandener Ofen wurde von ihm in die Schau einbezogen: „Ofen kein Ausstellungsprojekt, steht nur so da!", lautete die Beschreibung. Und ein einfacher Bierkrug wurde allein durch das Schild „Bitte nicht berühren" zu einem wertvollen Exponat.

Da gab es eine naturwissenschaftliche Abteilung: ein Zoo mit Fleischfliege, Ohrwurm, Schwabe, Nassen, Läus u. Flöh, Russe, Spinne, Regenwurm, Heuschreck, Kellerschneck, Schaben, Haberngoaß, Wanzen, Wags und Kasfliegen. Auch Abnormitäten fehlten nicht: Fotografie eines achtzigjährigen Greises im Alter von einem Jahr und ein monströses Tier mit dem Namen Fischgemsigeldackelentenelsterschlangenhasenkarpfenrollenhirschbartsaurus. Dort starrte einen ein Baby mit Vollbart an – Titel: „Eine verpfuschte Verjüngungskur". Ebenso waren historische Objekte ausgestellt: der Stein, mit dem David Goliath tötete; die Joppe des Hausmeisters Maier, die er trug, als er seine Frau kennenlernte; der Fußball von Max Schmeling; eine Wachsbüste des Entdeckers der Rollgerstensuppe; der Apfel, in den Adam biss. Zudem überwältigte eine Fülle skurriler Szenen die Besucher: ein Vogelkäfig mit entflohenem Vogel; die Lorely als verblühte Schönheit; der Tiefseetaucher bei Regenwetter.

In Valentins Lach- und Gruselkeller ging es aber – wie der Name sagt – nicht nur lustig zu. Besonders gruselig war natürlich die Folterkammer: Zu den dort präsentierten Ausstellungsstücken zählte unter anderem eine funktionierende Guillotine, für deren Vorführung Valentin den leibhaftigen Scharfrichtergehilfen Donderer engagiert hatte. Ein Schild verriet: „Kopfschmerzen jeder Art beseitigt unter Garantie sehr rasch Scharfrichter Wuchtig." Außerdem gab es da einen Hungerturm und im anschließenden Raum befand sich eine vollständig eingerichtete Folterkammer.

Als Liesl Karlstadt von Valentin in dieses Szenario geführt wurde, war sie schockiert. Sie starrte auf die mit Kapuzen maskierten Richter, alle aus Wachs, wie ihr Valentin versicherte, „brauchst keine Angst zum habn". Da wagte sich die Karlstadt näher heran. Und schon erhob sich einer der Richter, worauf die Karlstadt schreiend davonlief. In seinem Tollhaus ließ Valentin die Besucher all das erleiden, was er selbst in seinen Stücken auszuhalten hatte. Sie befanden sich in einer ständigen körperlichen und geistigen Anspannung, die sich entweder im Lachen oder in angstvollen Schreien entlud. „Dieses Museum ist eine einzige Valentinade", schrieb die Presse. „Es ist die sichtbar gewordene Seele Valentins. Begeistert ist das Publikum von Valentins Panoptikum!" Dieses Museum war etwas derart Groteskes, dass es den Leuten die Sprache verschlug. Vielleicht besuchten aus diesem Grund auch nur wenige Münchner die Einrichtung. Das Museum entpuppte sich trotz Valentins Popularität bald als ruinöser Misserfolg. Drei Versuche musste er unternehmen, um diese Schau wenigstens einigermaßen zum Laufen zu bringen. Er steckte sein ganzes Geld in dieses Projekt und auch das Vermögen seiner Partnerin Liesl Karlstadt. Damit ruinierte er nicht nur sich, sondern auch die Karlstadt, die danach mit ihren Nerven völlig am Ende war.

Das heutige „Valentin-Karlstadt-Musäum", das sich im Münchner Isartor befindet, wurde erst viele Jahre nach Valentins Tod dort eingerichtet. Ein schönes Weihnachtsgeschenk ist deshalb eine Eintrittskarte in dieses Musäum, noch besser eine Dauer-Eintrittskarte. Sie können Ihre Lieben aber auch mit einem der folgenden Dinge überraschen, die alle in Valentins Panoptikum zu sehen waren. Neben dem bereits erwähnten „Winterzahnstocher mit Pelzbesatz" könnte das auch eines der folgenden Exponate sein:

* Stahlkassette mit getrockneten Sonnenstrahlen. Dieselben können wegen Lichtempfindlichkeit leider nicht gezeigt werden.

* Ein motorisierter Bleistift! (An diesem Bleistift ist eine winzige Kurbel angebracht, mit welcher der Motor angeworfen werden könnte, wenn er dummerweise nicht gerade defekt wäre.)

* Eine wunderbare Schneeplastik, in der Wärme leider zerronnen (eine mit Wasser gefüllte Bratpfanne)

* Für Kinder die Nasenbohrmaschine

* Professor Piccard in der Stratosphäre. 16000 Meter hoch. Leider im Nebel, deshalb nicht sichtbar (Ein völlig graues Bild, schön gerahmt)

* Kaminkehrer bei Nacht (Gemälde mit schwarzer Schuhcreme, in die kaum sichtbar die Gestalt eines Kaminkehrers eingeritzt ist)

* Ein Tropfen Beamtenschweiß! Sehr selten! (ein Fläschchen, in dem ein winziger Tropfen zu sehen ist)

* Nest mit ungelegten Eiern (ein Nest ohne Eier)

* Hosenträger – außer Betrieb (ein einfacher Hosenträger)

* Blühender Kohlenschaufelstiel (in einem Blumentopf gepflanzt), der mit Professor Fluidums sensationellem Blumendüngemittel zum Blühen gebracht wurde (aus dem Stil ragen einige Blüten)

* Fischgemsigeldackelentenelsterschlangenhasenkarpfenrollenhirschbartsaurus (ein groteskes Tier, in dem Bestandteile aller genannten Tiere zu finden sind)

* Das Ei, mit dem Kolumbus Amerika entdeckte (ein einfaches Ei mit der Aufschrift „Frohe Ostern")

* Feigenblatt Evas – mit 17 und mit 54 Jahren (in einem Rahmen be-findet sich ein großes Feigenblatt und darüber ein erheblich klei-neres)
* Die größte Kälte, die je am Münchner Marienplatz gemessen wur-de, in einer Dose

Wenn Sie jedes Jahr nur eines dieser Exponate auf den Gabentisch legen, können Sie und Ihre Angehörigen nach und nach in der Woh-nung sogar ein eigenes kleines Valentin-Musäum einrichten.

Literatur

Bachmaier, Helmut (Hrsg.): Kurzer Rede langer Sinn. Texte von und über Karl Valentin. München/Zürich 1990

Bachmaier, Helmut u. Faust, Manfred (Hrsg.): Karl Valentin. Sämtliche Werke in acht Bänden. München 1992–1997.

Band 1: Monologe und Soloszenen. Hrsg. von Helmut Bachmaier u. Dieter Wöhrle, München 1992

Band 2: Couplets. Hrsg. von Helmut Bachmaier u. Stefan Henze, München 1994

Band 3: Szenen. Hrsg. von Helmut Bachmaier u. Stefan Henze, München 1995

Band 4: Dialoge. Hrsg. von Manfred Faust u. Andreas Hohenadl, München 1996

Band 5: Stücke. Hrsg. von Manfred Faust u. Stefan Henze, München 1997

Band 6: Briefe. Hrsg. von Gerhard Gönner, München 1991

Band 7: Autobiographisches und Vermischtes. Hrsg. von Stefan Henze, Andrea Heizmann u. Max Auer. München 1996

Band 8: Filme und Filmprojekte. Hrsg. von Helmut Bachmaier u. Klaus Gronenborn. München 1995

Ergänzungsband: Dokumente, Nachträge, Register. Hrsg. von Manfred Faust u. Gerhard Gönner. München 1997

Biskupek, Matthias: Karl Valentin. Eine Bildbiographie. Leipzig 1993

Böheim-Valentin, Bertl: Du bleibst da und zwar sofort! Mein Vater Karl Valentin. München 1971

Dimpfl, Monika: Immer veränderlich. Liesl Karlstadt (1892 bis 1960). München 1996

Drescher, Horst (Hrsg.): Karl Valentins Lach-Musäum. Mit einem Interview auf dem Parnaß. Leipzig 1975

Engels, Erich: Philosophie am Mistbeet. Ein Karl Valentin Buch. München 1969

Fischer-Grubinger, Annemarie: Mein Leben mit Karl Valentin. Rastatt 1982

Freilinger-Valentin, Gisela: Karl Valentins Pechmarie. Eine Tochter erinnert sich. Pfaffenhofen 1988

Fröbe, Gert: Auf ein Neues, sagte er … und dabei fiel ihm das Alte ein. Geschichten aus meinem Leben. München und Hamburg 1988

Gidal, Nachum T.: Begegnung mit Karl Valentin. München 1995

Glasmeier, Michael C: Karl Valentin. Der Komiker und die Künste. München/Wien 1987

Gronenborn, Klaus: Karl Valentin. Filmpionier und Medienhandwerker. Frankfurt a. Main 2007

Grunauer-Brug, Gusti: Passiert is was. Valentinaden. München 1959

Hausenstein, Wilhelm: Die Masken des Komikers Karl Valentin. München (Karl Alber) 1948, Neuausgabe München (dtv) 1980

Hoferichter, Ernst: Jahrmarkt meines Lebens. München 1963

Hoferichter, Ernst: Vom Prinzregenten bis Karl Valentin. Altmünchner Erinnerungen. München 1966

Keller, Roland: Karl Valentin und seine Filme. München 1996

Köhl, Gudrun: Von Papa Geis bis Karl Valentin. München 1971

Köhl, Gudrun u. a. (Hrsg.): Was sag'n jetzt Sie zum Karl Valentin? Meinungen und Erinnerungen. München 1982

Kort, Pamela: Grotesk. 130 Jahre Kunst der Frechheit. Ausstellungskatalog. München, Berlin, London, New York 2003

Kurowski, Ulrich: Karl Valentin Fundsachen I–IV. München (Münchner Filmmuseum) 1976ff.

Lutz, Joseph Maria: Die Münchner Volkssänger. München 1956

Münz, Erwin und Elisabeth (Hrsg.): Geschriebenes von und an Karl Valentin. Eine Materialsammlung 1903 bis 1948. München 1978

Niessen, Carl: Karl Valentin und die Münchner Volkssänger. Ausstellungskatalog zur 800-Jahr-Feier der Stadt München. München 1958

Pemsel, Klaus: Karl Valentin im Umfeld der Münchner Volkssängerbühnen und Varietes. Dissertation. München 1981

Riegler, Theo: Das Liesl Karlstadt Buch. München 1961

Schulte, Michael: Karl Valentin. Eine Biographie. Hamburg 1982

Schulte, Michael u. Syr, Peter: Karl Valentins Filme. München 1989. Mit einem Nachwort von Helmut Bachmaier. München (Piper) 1978. (Neuausgabe 1989)

Schweiggert, Alfons: Karl Valentins Panoptikum. Wie es ächt gewesen ist. München 1995

Schweiggert, Alfons: Karl Valentin. Ja, lachen Sie nur. Die schönsten Karl-Valentin-Anekdoten und -Witze. Dachau 1996

Schweiggert, Alfons: Karl Valentin und die Frauen. München 1997

Schweiggert, Alfons: Karl Valentins Stummzeit. Die Grünwalder und Planegger Jahre 1942 bis 1948. München 1998

Schweiggert, Alfons: Karl Valentin. Der Münchnerischste aller Münchner. München 2007

Schweiggert, Alfons: Karl Valentin – Was gibt's da zum Lachen? Neue Valentin-Anekdoten und -Witze. Dachau 2008

Schweiggert, Alfons: Ich bin ja auch kein Mensch Ich bin ein Bayer. Husum 2011

Schweiggert, Alfons: Karl Valentin und die Politik. Vorwort von Gerhard Polt. München 2011

Schweiggert, Alfons: Karl Valentin. Sein Leben – Seine Werke – Sein München. München 2012

Schweiggert, Alfons: Ein gspinnerter Teifi. Karl Valentins letzte Jahre. München 2013

Sommer, Sigi: Das kommt nie wieder. Ein Münchner Erinnerungsbuch. Percha 1976

Till, Wolfgang (Hrsg.): Karl Valentin – Volkssänger? Dadaist? München 1982

Valentin-Archiv Planegg: Dokumente, Notizen, Zeitungsausschnitte. Planegg o. J.

Valentin, Karl: Der Knabe Karl. Jugendstreiche. Aus dem Nachlaß hg. von Gerhard Pallmann. Berlin 1951

Valentin, Karl: Valentiniaden. Ein buntes Durcheinander von Karl Valentin. München 1941

Wilhelm, Kurt: Erinnerungen an Karl Valentin. Manuskript. Straßlach-Dingharting 1996

Wolter, Karl Kurt: Karl Valentin privat. München/Köln 1958.

Zitierte Stücke, Dialoge, Autobiografisches von Karl Valentin:
„Das Christbaumbrettl" aus Bd. 5 Stücke, S. 64f.
„Am Heubod'n" aus Bd. 4 Dialoge, S. 31f.
„Das Weihnachtsgeschenk" aus Bd. 4 Dialoge, S. 106ff.
„Prosit Neujahr" aus Bd. 7 Autobiografisches, S. 201f.
„Brief Nr. 183 an OB Fiehler" aus Bd. 6 Briefe: S. 177f.
„En bibitatis …" aus Bertl Valentin: „Du bleibst da und zwar sofort", S. 51ff.

Zeichnungen von Alfons Schweiggert: Seite 8, 10, 12, 20, 23, 30, 50, 54, 57, 66, 73, 85, 86, 100, 114, 119, 120, 121, 124

Ja, lachen Sie nur!

Annähernd 500 Anekdoten und Witze über den genialen Komiker gestatten einen Einblick in seine hakenschlagende Denkweise und in seine mit Stolperfallen durchsetzte, absurde Welt. Die spritzigen Kürzestgeschichten stellen die Persönlichkeitsmerkmale des Humoristen in knapper, witziger Pointierung heraus und setzen ihm ein beeindruckendes und äußerst unterhaltsames Denkmal.

7. Auflage 2023
Format 13,5 x 20,5 cm
120 Seiten
ISBN 978-3-89251-543-2
Preis 16,90 €

Battenberg Gietl Verlag GmbH
Pfälzer Straße 11 · 93128 Regenstauf
Tel. 0 94 02 / 93 37-0
E-Mail: info@battenberg-gietl.de

125

Toni Lauerer: **Älter werden is koa Gaudi**

Topfit ist er, der Toni! Obwohl er schon über 30 ist. Eigentlich über 40. Ehrlich gesagt, über 50. Gerüchte sagen sogar, a bissl über 60! Aber egal: Topfit ist er! Also meistens … Umso mehr ärgert es ihn, dass sich die Anzeichen dafür mehren, dass er von seiner Umgebung nicht mehr als blutjung wahrgenommen wird: Da fragt ihn doch eine taktlose Bedienung tatsächlich, ob sie ihm die Senioren-Speisekarte bringen soll. Und ein unverschämter jugendlicher Rapper bietet ihm in der U-Bahn einen Sitzplatz an. Und der Gipfel der Unverschämtheit: Seine eigene Frau macht für ihn einen Check-up-Termin beim Urologen aus – obwohl noch alles „gut in Schuss" ist! Gegen solche Tendenzen gilt es sich zu wehren. Und Toni Lauerer tut es in Form dieses Buches, auf seine köstlich humorvolle Art und Weise. Damit die Menschen es schwarz auf weiß haben, wie fit und geschmeidig er noch ist. Eine sehr humorvolle Liebeserklärung an die zweite Halbzeit des Lebens und ein amüsanter Lesegenuss für „angeblich Alt" und Jung!

1. Auflage 2023 · Format 13,5 x 20,5 cm · 160 Seiten · ISBN 978-3-95587-430-8 · Preis 16,90 €

Auch als Hörbuch-CD erhältlich.

ISBN 978-3-95587-431-5 · Preis 16,90 €

Battenberg Gietl Verlag GmbH
Pfälzer Straße 11 · 93128 Regenstauf
Tel. 0 94 02/93 37-0
E-Mail: info@battenberg-gietl.de

Heimat
battenberg
gietl verlag

ISBN 978-3-95587-429-2 · Preis 16,90 €

ISBN 978-3-95587-415-5 · Preis 16,90 €

ISBN 978-3-86646-328-8 · Preis 14,90 €

Endlich wieder gschafft	ISBN 978-3-934863-22-4
Scho wieder Weihnachten	ISBN 978-3-86646-348-6
A scheene Bescherung	ISBN 978-3-86646-329-5
Preis: je 14,90 €	

Heimat
battenberg
gietl verlag

Battenberg Gietl Verlag GmbH
Pfälzer Straße 11 · 93128 Regenstauf
Tel. 0 94 02 / 93 37-0
E-Mail: info@battenberg-gietl.de

127

ISBN 978-3-86646-760-6 · Preis 19,90 €

ISBN 978-3-89682-153-9 · Preis 12,90 €

ISBN 978-3-95587-752-1 · Preis 14,90 €

ISBN 978-3-95587-709-5 · Preis 14,90 €

Heimat

Battenberg Gietl Verlag GmbH
Pfälzer Straße 11 · 93128 Regenstauf
Tel. 0 94 02 / 93 37-0
E-Mail: info@battenberg-gietl.de

128